AF325696

JOURNAL GRATUIT.

CODE FÉODAL;

OU

SÉRIE DES DÉCRETS

*Relatifs à la suppreſſion de la Féodalité,
& au rembourſement des droits
qui en réſultoient.*

A PARIS;

De l'Imprimerie du JOURNAL GRATUIT,
ſur le Boulevard de la Porte Saint-Martin
à celle Saint-Denis, N°. 3.

1790.

JOURNAL GRATUIT.

CODE FÉODAL:
OU
SÉRIE DES DÉCRETS

Relatifs à la Suppreſſion de la Féodalité, & au Rembourſement des Droits qui en réſultoient.

ARTICLES CONSTITUTIONNELS.

Décret du 4 Août 1789, ſanctionné en Novembre ſuivant.

» ART. I. L'ASSEMBLÉE NATIONALE détruit entiérement le régime féodal, & décrete que, dans les droits, tant féodaux que cenſuels, ceux qui tiennent à la main-morte réelle ou perſonnelle, & à la ſervitude perſonnelle, & ceux qui les repréſentent, ſont abolis ſaus indemnité, & tous les autres déclarés rachetables, & le prix & le mode du rachat ſeront fixés par l'Aſſemblée Nationale. Ceux deſdits droits qui ne ſont point ſupprimés par ce Décret, continueront néanmoins à être perçus juſqu'au rembourſement «.

» II. Le droit excluſif des fuies & colombiers

A ₄

est aboli ; les pigeons seront enfermés aux époques fixées par les Communautés ; & durant ce tems, ils seront regardés comme gibier, & chacun aura le droit de les tuer sur son terrein «.

» III. Le droit exclusif de la chasse & des garennes ouvertes est pareillement aboli ; & tout propriétaire a le droit de détruire & faire détruire, seulement sur ses possessions, toute espece de gibier, sauf à se conformer aux Loix de police qui pourront être faites, relativement à la sûreté publique. Toutes Capitaineries, même royales, & toute réserve de chasse, sous quelque dénomination que ce soit, sont pareillement abolies ; & il sera pourvu, par des moyens compatibles avec le respect dû aux propriétés & à la liberté, à la conservation des plaisirs personnels du Roi «.

» M. le Président sera chargé de demander au Roi le rappel des Galériens & des Bannis, pour simple fait de chasse ; l'élargissement des Prisonniers actuellement détenus, & l'abolition des procédures existantes à cet égard «.

» IV. Toutes Justices Seigneuriales sont supprimées sans aucune indemnité ; & néanmoins les Officiers de ces Justices continueront leurs fonctions jusqu'à ce qu'il ait été pourvu par l'Assemblée Nationale à l'établissement d'un nouvel ordre judiciaire «.

LETTRES-PATENTES DU ROI,

Du mois d'octobre 1789, sur le décret du 29 septembre précédent.

Portant abolition des droits de franc-fief ouverts, &c.

LOUIS, &c. » L'assemblée a décrété l'abolition des droits de franc-fief ouverts & la cessation absolue de toutes recherches ou poursuites sur cet objet.

Et nous ayant fait connoître le desir que ledit décret reçût son exécution, nous nous sommes portés à le sanctionner. A ces causes, &c.

LETTRES-PATENTES DU ROI.

Du 28 Mars 1790.

Sur le Décret du 15 de ce mois.

LOUIS, &c. L'Assemblée Nationale considérant qu'aux termes de l'article Ier. de ses Décrets des 4, 6, 7, 8 & 11 Août 1789, dont nous avons ordonné la publication & l'envoi, le régime féodal est entiérement détruit ; qu'à l'égard des droits & devoirs féodaux ou censuels, ceux qui dépendoient ou étoient représentatifs, soit de la main-morte personnelle ou réelle, soit de la servitude personnelle, sont abolis sans indemnité ; qu'en même tems tous les autres droits sont maintenus jusqu'au rachat, par lequel il a été permis aux personnes qui en sont grévées de s'en affranchir ; & qu'il a été réservé de développer par une loi particuliere les effets de la deftruction du régime féodal, ainfi que la diftinction des droits abolis d'avec les droits rachetables, a décrété, le 15 de ce mois, & nous voulons & ordonnons ce qui fuit :

TITRE PREMIER.

Des effets généraux de la deftruction du régime féodal.

» ART. Ier. Toutes diftinctions honorifiques, fupériorité & puiffance réfultant du régime féodal, font abolies. Quant à ceux des droits utiles qui fubfifteront jufqu'au rachat, ils font entiérement affimilés aux fimples rentes & charges foncieres.

» II. La foi-hommage, & tout autre fervice purement perfonnel, auquel les Vaffaux, Cenfitaires & Tenanciers ont été affujettis iufqu'à préfent, font abolis

• III. Les Fiefs qui ne devoient que la bouche & les mains, ne font plus foumis à aucun aveu ni reconnoiffance.

» IV. Quant aux Fiefs qui font grévés de devoirs utiles ou de profits rachetables, & aux cenfives, il en fera fourni par les redevables de fimples reconnoiffances paffées à leurs frais par-devant tels Notaires qu'ils voudront choifir, avec déclaration expreffe des confins & de la contenance ; & ce, aux mêmes époques, en la même forme, & de la même maniere que font reconnus, dans les différentes Provinces & lieux du Royaume, les autres droits fonciers par les perfonnes qui en font chargées.

» V. En conféquence, les formes ci-devant

ufitées des reconnoiffances par aveux & dénombre-
mens, déclarations à terriers, gages-pleiges, plaids
& affifes, font abolies; & il eft défendu à tout
Propriétaire de Fiefs de continuer aucuns terriers,
gages-pleiges ou plaids & affifes, commencés
avant la publication des préfentes.

» VI. En attendant qu'il ait été prononcé fur
les droits de contrôle, il ne pourra être perçu pour
le contrôle des reconnoiffances mentionnées dans
l'article IV, de plus forts droits que ceux auxquels
étoient foumis les déclarations à terrier & autres
actes abolis par l'article V.

» VII. Toutes faifies féodales & cenfuelles, &
droits de commife, font abolis; mais les Propriétaires des droits féodaux & cenfuels non fupprimés
fans indemnité, pourront exercer les actions, con-
traintes, exécutions, priviléges & préférences qui,
par le Droit commun, les différentes Coutumes
& Statuts des lieux, appartiennent à tous premiers
bailleurs de fonds.

» VIII. Tous les droits féodaux & cenfuels,
enfemble toutes les rentes, redevances & autres
droits qui font rachetables par leur nature ou
par l'effet des Décrets du 4 Août 1789 & jours
fuivans, dont nous avons ordonné la publication
& l'envoi, feront, jufqu'à leur rachat, & à compter
de l'époque qui fera déterminée par l'article
XXXIII du titre II des préfentes, foumis, pour
le principal, à la prefcription que les différentes
Loix & Coutumes du Royaume ont établie relativement aux immeubles réels, fans rien innover, quant à préfent, à la prefcription des arrérages.

» IX Les lettres de ratification établies par l'Edit du mois de Juin 1771, continueront de n'avoir d'autre effet sur les droits féodaux & censuels, que d'en purger les arrérages, jusqu'à ce qu'il ait été pourvu par une nouvelle Loi à un régime uniforme & commun à toutes les rentes & charges foncieres, pour la conservation des priviléges & hypothèques.

» X. Le retrait féodal, le retrait censuel, le droit de prélation féodale ou censuelle, & le droit de retenuë seigneuriale, sont abolis.

» XI. Tous priviléges, toute féodalité & nobilité de biens étant détruits, les droits d'aînesse & de masculinité à l'égard des fiefs, domaines & aleux nobles, & les partages inégaux, à raison de la qualité des personnes, sont abolis. En conséquence, ordonnons que toutes les successions, tant directes que collatérales, tant mobiliaires qu'immobiliaires, qui échoiront, à compter du jour de la publication des présentes, seront, sans égard à l'ancienne qualité noble des biens & des personnes, partagées entre les héritiers, suivant les Loix, Statuts & Coutumes qui reglent les partages entre tous les Citoyens; abrogeons & détruisons toutes Loix & Coutumes à ce contraires.

» Exceptons des présentes ceux qui sont actuellement mariés, ou veufs avec enfans, lesquels, dans les partages à faire entr'eux & leurs cohéritiers, de toutes les successions mobiliaires & immobiliaires, directes & collatérales, qui pourront leur échoir, jouiront de tous les avantages que leur attribuent les anciennes Loix.

» Déclarons

„ Déclarons, en outre, que les puînés & les filles, dans les coutumes où ils ont eu jufqu'à préfent fur les biens tenus en fiefs plus d'avantages que fur les biens non-féodaux, continueront de prendre, dans les ci-devant fiefs, les parts à eux affignées par lefdites coutumes, jufqu'à ce qu'il ait été déterminé un mode définitif & uniforme de fucceffion pour tout le Royaume.

„ XII. La garde royale, la garde feigneuriale & le déport de minorité font abolis.

„ XIII. Sont pareillement abolis tous les effets que les coutumes, ftatuts & ufages avoient fait réfulter de la qualité féodale ou cenfuelle des biens, foit par rapport au douaire, foit pour la forme d'eftimer les fonds, & généralement pour tout autre objet, quel qu'il foit ; fans néanmoins comprendre dans la préfente difpofition, en ce qui concerne le douaire, les femmes actuellement mariées ou veuves, & fans rien innover, quant-à-préfent, aux difpofitions des coutumes de nantiffement, relativement à la maniere d'hypothéquer & aliéner les héritages ; lefquelles continueront, ainfi que les Edits & Déclarations qui les ont expliquées, étendues ou modifiées, d'être exécutées fuivant leur forme & teneur, jufqu'à ce qu'il en ait été autrement ordonné „.

T I T R E I I.

Des droits Seigneuriaux qui font fupprimés fans indemnité.

„ ART. Ier. La main-morte perfonnelle, réelle ou mixte, la fervitude d'origine, la fervitude perfonnelle du poffeffeur des héritages tenus en main-morte réelle, celle de corps & de pourfuite, les droits de taille perfonnelle, de corvées perfonnelles, d'échute, de vuide-main, le droit prohibitif des aliénations & difpofitions à titre de vente, de donation entre-vifs ou teftamentaire, & tous les autres effets de la main-morte réelle, perfonnelle ou mixte, qui s'étendoient fur les perfonnes ou les biens, font abolis fans indemnité.

» II. Néanmoins, tous les fonds ci-devant tenus en main-morte réelle ou mixte, continueront d'être affujettis aux autres charges, redévances, tailles ou corvéees réelles, dont ils étoient précédemment grevés.

» III. Lefdits héritages demeureront pareillement affujettis aux droits dont ils pouvoient être tenus en cas de mutation par vente, pourvu néanmoins que lefdits droits ne fuffent pas des compofitions à la volonté du propriétaire du fief dont ils étoient mouvans, & n'excédaffent point ceux qui ont accoutumé être dûs par les héritages non main-mortables tenus en cenfive dans la même feigneurie, ou fuivant la coutume.

» IV. Tous les actes d'affranchiffement par lefquels la main-morte réelle ou mixte aura été convertie fur les fonds ci-devant affectés de cette fervitude, en redevances foncieres & en droits de lods aux mutations, feront exécutés felon leur forme & teneur, à moins que lefdites charges & droits de mutation ne fe trouvaffent excéder les charges & droits ufités dans la même feigneurie, ou établis par la coutume ou ufage général de la

province , relativement aux fonds non main-mortables tenus en censive.

» V. Dans le cas où les droits & charges réelles
mentionnés dans les deux articles précédens , se
trouveroient excéder le taux qui y est indiqué ,
ils y seront réduits ; & sont entiérement supprimés
les droits & charges qui ne sont représentatifs
que des servitudes purement personnelles.

» VI. Seront néanmoins les actes d'affranchissement faits avant l'époque fixée par l'art. XXXIII
ci-après , moyennant une somme de deniers , ou
pour l'abandon d'un corps d'héritage certain , soit
par les communautés , soit par les particuliers ,
exécutés suivant leur forme & teneur.

» VII. Toutes les dispositions ci-dessus , concernant la main-morte , auront également lieu en
Bourbonnois & en Nivernois pour les tenures en
bordelage , & en Bretagne pour les tenures en
mote & en quevaise. A l'égard des tenures en
domaines congéables , il y sera statué par une loi
particulière.

» VIII. Les droits de meilleur cattel ou
morte-main , de taille à volonté , de taille ou
d'indire aux quatre cas, de cas impérieux & d'aides
seigneuriales , sont supprimés sans indemnité.

» IX. Tous droits qui , sous la dénomination
de feu , cheminée , feu allumant , feu mort ,
fouage , monéage , bourgeoisie . congé , chiennage,
gîte aux chiens, ou autre quelconque , sont perçus
par les seigneurs , sur les personnes, sur les bestiaux, ou à cause de la résidence , sans qu'il soit

justifié qu'il sont dûs, soit par les fonds invariablement, soit pour raison de conceßion d'usages ou autres objets, sont abolis sans indemnité.

» X. Sont pareillement abolis sans indemnité les droits de guet & de garde, de chaßi-polerce ensemble les droits qui ont pour objet l'entretien des clôtures & fortifications des bourgs & des Châteaux, ainsi que les rentes ou redevances qui en sont représentatives, quoiqu'affectées sur des fonds; s'il n'est pas prouvé que ces fonds ont été concédés pour cause de ces rentes ou redevances;

» Les droits de pulvérage, levés sur les troupeaux paßant dans les chemins publics des seigneuries;

» Les droits qui, sous la dénomination de *banvin, vet-du-vin, étanche,* ou autre quelconque, emportoient pour un seigneur la faculté de vendre seul & exclusivement aux habitans de sa seigneurie, pendant un certain tems de l'année, ses vins ou autres boißons & denrées quelconques.

» XI. Les droits connus en Auvergne & autres province, sous le nom de *cens en commande;* en Flandres, en Artois & en Cambréßis, sous celui de *Gave, Gavenre* ou *Gaule;* en Hainault, sous celui de *pourfoin,* en Lorraine sous celui de *sauvement* ou *sauvegarde;* en Alsace, sous celui d'*avouerie;* & généralement tous les droits qui se payoient ci-devant en quelque lieu du royaume, & sous quelque dénomination que ce fût, en reconnoißance & pour prix de la protection des seigneurs, sont abolis sans indemnité; sans préjudice des droits qui, quoique perçus sous les mêmes dénominations, seroient justifiés avoir pour cause des concessions de fonds.

» XII. Les droits sur les achats, ventes, importations & exportations de biens-meubles, de denrées & de marchandises , tels que les droits de cinquantieme , centieme , ou autre denier du prix des meubles ou bestiaux vendus , les lods & ventes , treiziemes & autres droits sur les vaisseaux, sur les bois & arbres futaies , têtards & fruitiers, coupés ou vendus ponr être coupés , sur les matériaux des bâtimens démolis ou vendus pour être démolis ; les droits d'accise sur les comestibles, les droits de leyde ou dîme sur les poissons, les droits de bouteillage, d'*umgeld* ou autres sur les vins & autres boissons , les impôts & billots seigneuriaux & autres de même nature, sont abolis sans indemnité.

» XIII. Les droits de péage, de long & de travers, passage , hallage, pontonnage, barrage, châmage, grande & petite coutume, tonlieu & tous autres droits de ce genre, ou qui en seroient représentatifs , de quelque nature qu'ils soient, & sous quelque dénomination qu'ils puissent être perçus , par terre ou par eau, soit en nature , soit en argent, sont supprimés sans indemnité. En conséquence , les possesseurs desdits droits sont déchargés des prestations pécuniaires , & autres obligations auxquelles ils pouvoient être assujettis pour raison de ces droits.

» XIV. Il sera pourvu par les assemblées administratives à l'entretien des ouvrages dont quelques-uns desdits droits sont grevés.

» XV. Sont exceptés, quant à présent, de la suppression prononcée par l'article XIII :

1°. Les octrois autorisés qui se perçoivent sous aucune des dénominations comprises dans ledit article, soit au profit du trésor public, soit au profit des provinces, villes, communautés d'habitans ou hôpitaux ;

2°. Les droits de bacq & de voitures d'eau ;

3°. Ceux des droits énoncés dans ledit article, qui ont été concédés pour dédommagement de frais de construction de canaux & autres travaux ou ouvrages d'art, construits sous cette condition ;

4°. Les péages accordés à titre d'indemnité à des propriétaires légitimes de moulins, usines ou bâtimens & établissemens quelconques supprimés pour raison de l'utilité publique.

» XVI. Tous les droits exceptés par l'article précédent, continueront provisoirement d'être perçus suivant les titres & les tarifs de leur création primitive, reconnus & vérifiés par les départemens des lieux où ils se perçoivent, jusqu'à ce que, sur leurs avis, il ait été statué définitivement à cet égard. Et à cet effet, les possesseurs desdits droits seront tenus, dans l'année à compter de la publication des présentes, de représenter leurs titres auxdits départemens ; à défaut de quoi les perceptions demeureront suspendues.

» XVII. Les droits d'étalonnage , minage , muyage , menage , leude , puginere , bichenage , levage , petite coutume , fextérage , coponage , copel , coupe , cartelage , ftellage , fciage , palette , aunage , étale , étalage , quintalage , poids & mefures , & autres droits qui en tiennent lieu , & généralement tous droits , foit en nature , foit en argent , perçus fous le prétexte de poids , mefures , marque , fourniture ou infpection de mefure , ou mefurage de grains , grenailles , fel & toutes autres denrées ou marchandifes , ainfi que fur leurs étalages , ventes ou tranfports dans l'intérieur du royaume , de quelque efpece qu'ils foient , enfemble tous les droits qui en feroient repréfentatifs , font fupprimés fans indemnité ; fans préjudice néanmoins des droits qui , quoique perçus fous les mêmes dénominations , feroient juftifiés avoir pour caufe des conceffions de fonds.

» XVIII. Les étalons , matrices & poinçons qui fervoient à l'étalonnage des poids & mefures , feront remis aux municipalités des lieux , qui en paieront la valeur , & pourvoiront à l'avenir gratuitement à l'étalonnage & vérification des poids & mefures.

» XIX. Les droits connus fous le nom de coutume , hallage , havage , cohue , & généralement tous ceux qui étoient perçus en nature ou en argent , à raifon de l'apport ou du dépôt des grains , viandes , beftiaux , poiffons & autres denrées & marchandifes dans les foires , marchés , places ou halles , de quelque nature qu'ils foient, ainsi que les droits qui en seroient représentatifs ; sont aussi supprimés sans indemnité ; mais les bâtimens & halles continueront d'appartenir à leurs propriétaires, sauf à eux à s'arranger à l'a-miable, soit pour le loyer, soit pour l'aliénation, avec les municipalités des lieux ; & les difficultés qui pourroient s'élever à ce sujet, seront soumises à l'arbitrage des assemblées administratives.

» XX. N'entendons comprendre, quant à présent, dans la suppression prononcée par l'article précédent, les droits de la caisse des marchés de Sceaux & de Poissy.

» XXI. En conséquence des dispositions des articles XVIII & XIX, le mesurage & poids des farines, grains, denrées & marchandises dans les maisons particulieres, sera libre dans toute l'étendue du royaume, à la charge de ne pouvoir se servir que des poids & mesures éta-lonnés & légaux ; & quant au service des places & marchés publics, il y sera pourvu par les municipalités des lieux, qui, sous l'autorisation des assemblées administratives, fixeront la rétribution juste & modérée des personnes employées au pesage & mesurage.

» XXII. Tous droits qui, sous prétexte de permissions données par les seigneurs pour exercer des professions, arts ou commerces, ou pour des actes qui, par le droit naturel & commun, sont libres à tout le monde, sont supprimés sans indemnité.

» XXIII. Tous les droits de bannalité de
fonds,

fours , moulins , presſoirs , boucheries , taureaux, vérats , forges & autres , emſemble les ſujétions qui y ſont acceſſoires , ainſi que les droits de verte-moute & de vent , le droit prohibitif de la quête-mouture ou chaſſe des meuniers , ſoit qu'ils ſoient fondés ſur la coutume ou ſur un titre , acquis par preſcription , ou confirmés par des jugemens , ſont abolis & ſupprimés ſans in‑demnité , ſous les ſeules exceptions ci-après.

„ XXIV. Sont exceptées de la ſuppreſſion ci-deſſus & ſeront rachetables ;

1º. Les bannalités qui ſeront prouvées avoir été établies par une convention ſouſcrite entre une communauté d'habitans & un particulier non ſeigneur ;

2º. Les bannalités qui ſeront prouvées avoir été établies par une convention ſouſcrite entre une communauté d'habitans & ſon ſeigneur , & par laquelle le ſeigneur aura faiṭ à la commu‑nauté quelqu'avantage de plus que de s'obliger à tenir perpétuellement en état les moulins, fours ou autres objets bannaux ;

3º. Celles qui ſeront prouvées avoir eu pour cauſe une conceſſion faite par le ſeigneur à la communauté des habitans, ae droits d'uſage dans ſes bois ou prés, ou de communes en propriété.

„ XXV. Toute redevance ci‑devant payée par les habitans , à titre d'abonnement des ba‑nalités de la nature de celles ci-deſſus ſupprimées ſans indemnité , & qui n'étoient point dans le cas des exceptions portées par l'article précédent, eſt abolie & ſupprimée ſans indemnité.

„ XXVI. Il eſt fait défenſes aux ci-devant

baniers ; d'attenter à la propriété des moulins ; preſſoirs, fours, & autres objets de la banalité deſquels ils ſont affranchis par l'article XXIII ; mettons ladite propriété ſous la ſauve-garde de la loi, & enjoignons aux municipalités de tenir la main à ce qu'elle ſoit reſpeétée.

„ XXVII. Toutes les corvées, à la ſeule exception des réelles, ſont ſupprimées ſans indemnité ; & ne ſeront réputées corvées réelles, que celles qui ſeront prouvées être dues pour prix de la conceſſion de la propriété d'un fonds ou d'un droit réel.

„ XXVIII. Toutes ſujétions qui, par leur nature, ne peuvent apporter à celui auquel elle ſont dues, aucune utilité réelle, ſont abolies & ſupprimées ſans indemnité.

„ XXIX. Lorſque les poſſeſſeurs des droits conſervés par les articles IX, X, XI, XV, XVII, XXIV & XXVII ci-deſſus, ne ſeront pas en état de repréſenter de titre primitif, ils pourront y ſuppléer par deux reconnoiſſances conformes, énonciatives d'une plus ancienne, non contredites par des reconnoiſſances antérieures, données par la communauté des habitans, lorſqu'il s'agira de droits généraux, & par les individus intéreſſés, lorſqu'elles concerneront des droits particuliers, pourvu qu'elles ſoient ſoutenues d'une poſſeſſion aétuelle, qui remonte, ſans interruption, à quarante ans, & qu'elles rappellent, ſoit les conventions, ſoit les conceſſions mentionnées dans leſdits articles.

„ XXX. Le droit de triage établi par l'article IV du titre XXV de l'ordonnance des eaux & forêts de 1669 , est aboli pour l'a-venir.

» XXXI Tous édits , déclarations , arrêts du conseil & lettres-patentes rendus depuis trente ans, tant à l'égard de la Flandre & de l'Artois, qu'à l'égard de toutes les autres provinces du royaume , qui ont autorisé le triage hors des cas permis par l'ordonnance de 1669, demeu-reront à cet égard comme non-avenus , & tous les jugemens rendus & actes faits en conséquence, font révoqués. Et pour rentrer en possession des portions de leurs biens communaux , dont elles ont été privées par l'effet desdits édits , décla-rations , & lettres - patentes , les communautés feront tenues de se pourvoir , dans l'espace de cinq ans, par-devant les tribunaux , sans pouvoir prétendre aucune restitution de fruits perçus , sauf à les faire entrer en compensation , dans le cas où il y auroit lieu à des indemnités pour cause d'impenses.

» XXXII. Le droit de tiers-denier est aboli dans les provinces de Lorraine , du Barrois, du Clermontois, & autres où il pourroit avoir lieu , à l'égard des bois & autres biens qui font pos-sédés en propriété par les communautés ; mais il continuera d'être perçus sur le prix des ventes des bois & autres biens dont les communautés ne font qu'usageres.

Les arrêts du conseil & lettres-patentes qui , depuis trente ans , ont distrait au profit de certains seigneurs desdites provinces , des portions des bois & autres biens dont les communautés jouissent à titre de propriété ou d'usage , font revoqués ;

& les communautés pourront, dans le tems & par les voies indiquées par l'article précédent, rentrer dans la jouissance des portions, sans aucune répétition des fruits perçus, sauf aux seigneurs à percevoir le droit de tiers-denier dans le cas ci-dessus exprimés.

» XXXIII. Toutes les dispositions ci-dessus, à l'exception de celles de l'article XI du titre premier, & des articles XIII, XVII & XIX du présent titre, qui ne seront exécutées que du jour de la publication des présentes, auront leur effet à compter du jour de la publication de nos lettres-patentes du 3 Novembre 1789.

» XXXIV. Tous procès intentés & non décidés par jugement en dernier ressort avant les époques respectives fixées par l'article précédent, relativement à des droits abolis sans indemnité par ces présentes, ne pourront être jugés que pour les frais des procédures faites, & les arrérages échus antérieurement à ces époques.

» XXXV. N'entendons, au surplus, préjudicier aux actions intentées ou à intenter par les communautés d'habitans, pour raison des biens communaux non compris dans les articles XXXI & XXXII du présent titre, lesquelles seront décidées, même sur instance en cassation d'arrêt, conformément aux loix antérieures aux présentes lettres-patentes.

» XXXVI. Il ne pourra être prétendu par les personnes qui ont ci-devant acquis de particuliers, par vente ou autre titre équipolent à vente, des droits abolis par ces présentes, aucune indemnité ni restitution de prix, & à l'égard

de ceux desdits droits qui ont été acquis du do‑
maine de l'état, il ne pourra être exigé par les
acquéreurs d'autre indemnité que la restitution, ~~soit des~~
soit des autres objets ou biens par eux cédés à ~~l'état~~
l'état.

» XXXVII. Il sera libre aux fermiers qui ont
ci-devant pris à bail aucuns des mêmes droits,
sans mélange d'autres biens ou de droits con‑
servés jusqu'au rachat, de remettre leurs baux ;
& dans ce cas, ils ne pourront prétendre d'autre
indemnité que la restitution des pots-de-vin &
la décharge des loyers ou fermages, au prorata
de la non-jouissance causée par la suppression
desdits droits.

Quant à ceux qui ont pris à bail aucuns droits
abolis, conjointement avec d'autres biens ou avec
des droits rachetables, ils pourront seulement
demander une réduction de leurs pots-de-vin &
fermages, proportionnée à la quotité des objets
frappés de suppression.

» XXXVIII. Les preneurs à rente d'aucuns
droits abolis, ne pourront pareillement demander
qu'une réduction proportionnelle de redevances
dont ils sont chargés, lorsque les baux contien‑
dront, outre les droits abolis, des bâtimens, im‑
meubles ou autres droits dont la propriété est
conservée ; ou qui sont simplement rachetables ;
& dans le cas où les baux à rente ne compren‑
droient que des droits abolis, les preneurs feront
seulement déchargés des rentes, sans pouvoir pré‑
tendre aucune indemnité ni restitution de deniers
d'entrée.

» XXXIX. Il eſt réſervé de prononcer, s'il y a lieu ;

1°. Sur ceux des droits féodaux maritimes, à l'égard deſquels il n'a pas été ſtatué par les articles précédens ;

2°. ſur les droits de voirie, déshérence, bâtardiſe, épaves, amendes, afforage, taverne, tabellionage, & autres dépendans de celui de juſtice ;

3°. Sur les indemnités dont la nation pourroit être chargée envers les propriétaires de certains fiefs d'Alſace, d'après les traités qui ont réuni cette province à la France.

Titre III.

Des droits ſeigneuriaux rachetables.

» Art. I. Seront ſimplement rachetables, & continueront d'être payés juſqu'au rachat effectué, tous les droits & devoirs féodaux ou cenſuels utiles, qui ſont le prix & la condition d'une conceſſion primitive de fonds.

» II. Et ſont préſumés tels, ſauf la preuve contraire :

1ᵈ. Toutes les redevances ſeigneuriales annuelles en argent, grains, volailles, cire, denrées ou fruits de la terre, ſervis ſous la dénomination de cens, cenſives, ſurcens, capcaſal, rentes féodales, ſeigneuriales & emphytéotiques, champart, taſque, terrage, arage, agrier, complant, ſoëté, dîmes inféodées, ou ſous toute autre dénomination quelconque, qui ne ſe payent & ne ſont dus que par le propriétaire ou poſſeſſeur d'un

fonds, tant qu'il est propriétaire ou possesseur, &
à raison de la durée de sa possession ;

2°. Tous les droits casuels qui, sous les noms
de quint, requint, treizieme, lods & treizains,
lods & ventes, ventes & issues, milods, rachats,
venterolles, reliefs, relevoisons, plaids & autres
dénominations quelconques, sont dus à cause des
mutations survenues dans la propriété ou la pos-
d'un fonds, par le vendeur, l'acheteur, les donataires, les héritiers & tous autres ayant cause
du précédent propriétaire ou possesseur.

3°. Les droits d'*acapte*, *arriere - acapte*, &
autres semblables, dus, tant à la mutation des
ci-devant seigneurs, qu'à celle des propriétaires
ou possesseurs.

» III. Les contestations sur l'existence ou la
quotité des droits énoncés dans l'article précédent,
seront décidées d'après les preuves autorisées par
les statuts, coutumes & regles observées jusqu'à
présent ; sans néanmoins que, hors des coutumes qui en disposoient autrement, l'enclave
puisse servir de prétexte pour assujettir un héritages dont il est environné & circonscrit.

» IV. Lorsqu'il y aura, pour raison d'un
même héritage, plusieurs titres ou reconnoissances,
le moins onéreux au tenancier sera préféré, sans
avoir égard au plus ou moins d'ancienneté de
leurs dates ; sauf l'action en blâme ou réfor-
mation de la part du ci-devant seigneur, contre
celles desdites reconnoissances qui n'en seront pas
encore garanties par la prescription, lorsqu'il n'y
aura été partie, ni en personne, ni par un fondé
de procuration.

» V. Aucune municipalité , aucune adminif-tration de diftrict ou de département, ne pourront à peine de nullité , de prife-à-partie , & de dom-mages-intérêts , prohiber la perception d'aucun des droits feigneuriaux dont le paiement fera reclamé, fous prétexte qu'ils fe trouveroient im-plicitement ou explicitement fupprimés fans in-demnité, fauf aux parties intéreffées à fe pourvoir, par les voies de droit ordinaires, devant les juges qui doivent en connoître.

» VI. Les propriétaires de fiefs , dont les ar-chives & les titres auroient été brûlés ou pillés à l'occafion des troubles furvenus depuis le com-mencement de l'année 1789, pourront, en faifant preuve du fait , tant par titres que par témoins, dans les trois années de la publication des pré-fentes , être admis à établir , foit par actes , foit par la preuve teftimoniale d'une poffeffion de trente ans, antérieure à l'incendie ou pillage, la nature & la quotité de ceux des droits non-fup-primés fans indemnité, qui leur appartenoient.

» VII. La preuve teftimoniale dont il vient d'être parlé, ne pourra être acquife que par dix témoins lorfqu'il s'agira d'un droit général , & par fix témoins dans les autres cas.

» VIII. Les propriétaires de fiefs qui auroient, depuis l'époque énoncée dans l'article VI , renoncé par contrainte ou violence à la totalité ou à une partie de leurs droits non fupprimés par les préfentes , pourront , en fe pourvoyant également dans les trois années , demander la nullité de leur renonciation, fans qu'il foit befoin de lettres de refcifion : & , après ce terme, ils n'y feront

plus

plus reçus, même en prenant des lettres de refcifion.

» IX. Il fera inceffamment pris une détermination relativement au mode & au prix du
rachat des droits confervés, fans préjudice du
paiement qui fera fait des rentes, redevances &
droits échus & à échoir jufqu'au jour du rachat.

Mandons &c.

LETTRES-PATENTES DU ROI,

Du 9 Mai 1790,

Sur le décret du trois de ce mois, concernant les
droits féodaux rachetables.

LOUIS, &c. L'affemblée nationale a décrété,
le 3 de ce mois, & nous voulons & ordonnons
ce qui fuit :

Des principes, du mode & du taux du rachat des
droits feigneuriaux, déclarés rachetables par les
articles I & II du titre III du décret du 1 5,
Mars.

» ART I. Tout propriétaire pourra racheter
les droits féodaux & cenfuels dont fon fonds eft
grevé, encore que les autres propriétaires de la
même feigneurie ou du même canton, ne vou-
luffent pas profiter du bénéfice du rachat ; fauf
ce qui fera dit ci-après, à l'égard des fonds
chargés de cens ou redevances folidaires.

Code Féodal. D

» II. Tout propriétaire pourra racheter lefdits droits à raifon d'un fief ou d'un fonds particulier, encore qu'il fe trouve poſſéder plufieurs fiefs ou plufieurs fonds cenfuels, mouvans de la même feigneurie, pourvu néanmoins que ces fonds ne foient pas tenus fous des cens & redevances folidaires, auquel cas le rachat ne pourra être divifé.

» III. Aucun propriétaire de fiefs ou fonds cenfuels, ne pourra racheter divifément les charges & redevances annuelles dont le fief ou le fonds eft grevé, fans racheter en même-tems les droits cafuels & éventuels.

» IV. Lorſqu'un fonds tenu en fief ou en cenfive, & grevé de redevances annuelles folidaires, fera poſſédé par plufieurs co-propriétaires, l'un d'eux ne pourra point racheter divifément lefdites redevances au prorata de la portion dont il eft tenu, fi ce n'eft du confentement de celui auquel la redevance eft due, lequel pourra refufer le rembourfement total, en renonçant à la folidarité vis-à-vis de tous les co-obligés; mais quand le redevable aura fait le rembourfement total, il demeurera fubrogé aux droits du créancier, pour les exercer contre les co-débiteurs, à la charge de ne les exercer que comme pour une fimple rente fonciere & fans aucune folidarité; & chacun des autres co-débiteurs pourra racheter à volonté fa portion divifément.

» V. Pourra néanmoins le co-propriétaire d'un fonds grevé de redevances folidaires, en rachetant ainfi qu'il vient d'être dit, la redevance entiere, ne racheter les droits cafuels que fur fa portion, fauf au propriétaire du fief à continuer de percevoir les mêmes droits cafuels fur les autres portions du fonds & fur chacune d'elles divifément, lorfqu'il y aura lieu, jufqu'à ce que le rachat en ait été fait.

» VI. Pourront les propriétaires de fiefs ou de fonds cenfuels, traiter avec les propriétaires de fiefs dont ils font mouvans, de gré à gré, à telles fommes & fous telles conditions qu'ils jugeront à propos, du rachat, tant des redevances annuelles, que des droits cafuels; & les traités ainfi faits de gré à gré entre majeurs, ne pourront être attaqués fous prétexte de léfion quelconque, encore que le prix du rachat fe trouve inférieur ou fupérieur à celui qui auroit pu réfulter du mode & du prix qui fera ci-après fixé.

» VII. Les tuteurs, curateurs & autres adminiftrateurs des pupilles mineurs ou interdits, les grevés de fubftitution, les maris dans les pays où les dots font inaliénables, même avec le confentement des femmes, ne pourront liquider les rachats des droits dépendans de fiefs appartenans aux pupilles, aux mineurs, aux interdits, à des fubftitutions & auxdites femmes mariées, qu'en la forme & aux taux ci-après prefcrits, & à la charge du remploi. Il en fera de même à l'égard des propriétaires des fiefs, lefquels, par les titres, font affujettis au droit de réverfion en cas d'extinction de la ligne mafculine, ou dans d'autres cas. Le redevable qui ne voudra point demeurer garant du remploi, pourra configner le prix du rachat, lequel ne fera délivré aux perfonnes qui font affujetties au remploi , qu'en vertu d'une ordonnance du juge , rendue fur les conclufions du miniftere public , auquel il fera juftifié du remploi.

» VII. Lorfque le rachat aura pour objet des droits dépendans d'un fief appartenant à une communauté d'habitans , les officiers municipaux ne pourront le liquider & en recevoir le prix , que fous l'autorité & avec l'avis des affemblées. adminiftratives de département , ou de leur directoire , lefquels feront tenus de veiller au remploi du prix.

» IX. Si le rachat concerne les droits dépendans de fiefs appartenans à des gens de main-morte , & dont l'adminiftration feroit confiée à une municipalité, le rachat fera liquidé par les officiers de la municipalité , dans le reffort defquels fe trouvera fitué le chef-lieu du fief. Les officiers municipaux ne pourront procéder à cette liquidation qu'avec l'autorifation des affemblées adminiftratives du département ou de leur directoire , & feront tenus d'en dépofer le prix entre les mains du tréforier du département , fous la réferve de ftatuer ultérieurement fur l'emploi du prix difdits rachats.

» X. A l'égard des biens ci-devant poffédés par les eccléfiaftiques , & dont l'adminiftration a été déférée aux affemblées adminiftratives , lefdites affemblées liquideront le rachat des droits dépendans defdits biens , & en feront dépofer le prix entre les mains de leur tréforier , fous la réferve de ftatuer ultérieurement fur l'emploi du prix defdits rachats:

» XI. Il est réservé pareillement de statuer sur l'emploi du prix des rachats des droits dépendans des fiefs appartenans à la nation, sous les titres de domaines de la couronne, apanages, engagemens ou échanges non encore consommés, ainsi que sur les personnes avec lesquelles lesdits rachats pourront être liquidés, & auxquelles le payement en devra être fait (1).

» XII. Lorsque les parties auxqelles il est libre de traiter de gré à gré, ne pourront point s'accorder sur le prix du rachat des droits seigneuriaux, soit fixes ou casuels, le rachat sera fait suivant les regles & les taux ci-après.

» XIII. Pour liquider le rachat des droits fixes, (tels que les cens & redevances annuelles en argent, grains, denrées ou fruits de récoltes) il sera formé d'abord une évaluation du produit annnuel total des charges dont le fonds est grevé, & ce produit annuel sera racheté au taux ci-après indiqué. Quant à l'évaluation du produit annuel, elle sera faite pour chaque espèce de redevances, ainsi qu'il suit.

» XIV. A l'égard des redevances en grains, il sera formé une année commune de leur valeur d'après le prix des grains de même nature, relevé sur les registres du marché du lieu ou du marché plus prochain, s'il n'y en a pas dans le lieu. Pour former l'année commune, on prendra les quatorze années antérieures à l'époque du rachat, on retranchera les deux plus fortes & les deux

----

(1) Voyez sur les trois articles IX, X, XI, les lettres-patentes, ci-après, du 31 juillet 1790.

plus foibles, & l'année commune fera formée fur les dix années reftantes.

» **XV.** Il en fera de même pour les redevances en volailles, agneaux, cochons, beurre, fromage, cire & autres denrées, dans les lieux où leur prix eft porté dans les regiftres des marchés : à l'égard des lieux où il n'eft point d'ufage de tenir regiftre du prix des ventes de ces fortes de denrées, les directoires des diftricts en formeront inceffamment un tableau eftimatif fur le prix commun auquel ont coutume d'être évaluées ces fortes de denrées pour le payement des redevances foncieres. Ce tableau eftimatif fervira, pendant l'efpace de dix années, de taux pour l'eftimation du produit annuel des redevances dûes en cette nature dans le reffort de chaque diftrict : le tout fans déroger aux évaluations portées par les titres, coutumes ou réglemens.

» **XVI.** Chaque directoire de diftrict formera pareillement un tableau eftimatif du prix ordinaire des journées d'hommes, de chevaux, bêtes de travail & de fomme, & des voitures : ce tableau eftimatif fera formé fur le taux auquel lefdites journées ont accoutumé d'être eftimées pour les corvées, & fervira pendant l'efpace de dix années de taux pour l'eftimation du produit annuel des corvées réelles : le tout fans déroger aux évaluations portées par les titres, les coutumes ou les réglemens.

» **XVII.** Quant aux redevances qui confiftent en une certaine proportion de fruits récoltés fur les fonds, (tels que champarts, terrages, agriers, tafques, dixmes feigneuriales & autres de même nature) il fera procédé par des experts , que les parties nommeront, ou qui feront nommés, d'office par le juge, à une évaluation de ce que le fonds peut produire en nature dans une année commune. La quotité annuelle du droit à percevoir, fera enfuite fixée dans la proportion du produit de l'année commune du fonds, & ce produit du droit annuel fera évalué en la forme preferite par l'article XIV ci-deffus pour l'évaluation des redevances en grains.

» XVIII. Quant à celles des bannalités que l'article XXIV du décret du 15 mars, par nous accepté, a déclarées exceptées de la fuppreffion fans indemnité, lorfque les communautés d'habitans voudront s'en libérer, il fera fait par des experts, choifis par les parties, ou nommés d'office par le juge, une eftimation de la diminution que le four, moulin, preffoir, cu autre ufine pourra éprouver dans fon produit annuel par l'effet de la fuppreffion du droit de bannalité & de la liberté rendue aux habitans. N'entendant point au furplus déroger aux loix antérieures qui, dans quelques provinces, ont autorifé les communautés d'habitans à racheter fous des conditions particulieres les bannalités auxquelles elles étoient affujetties.

» XIX. Dans tous les cas où l'évaluation du produit annuel d'une redevance pourra donner lieu à une eftimation d'experts, fi le rachat a lieu entre des parties qui ayent la liberté de traiter de gré à gré, le redevable pourra faire au propriétaire des droits, par acte extrajudiciaire, un offre réelle d'une fomme déterminée.

En cas de refus d'accepter l'offre, les frais de l'expertise qui deviendra nécessaire, seront supportés par celui qui aura fait l'offre, ou par le refusant, selon que l'offre sera jugée suffisante ou insuffisante.

» XX. Si l'offre mentionnée en l'article ci-dessus est faite à un tuteur, à un grevé de substitution, ou à d'autres administrateurs quelconques, qui n'ont point la liberté de traiter de gré à gré, ces administrateurs pourront employer en frais d'administration ceux de l'expertise, lorsqu'ils auront été jugés devoir rester à leur charge.

» XXI. Le rachat de la somme à laquelle aura été liquidé le produit annuel des droits de redevances fixes & annuelles, se fera, savoir, pour les redevances en argent & corvées, & pour le produit des bannalités, au denier vingt; & quant aux redevances en grains, volailles, denrées & fruits de récoltes, au dernier vingt-cinq.

» XXII. Tout redevable qui voudra racheter les droits seigneuriaux dont son fonds est grevé, sera tenu de rembourser avec le capital du rachat, tous les arrérages des rentes fixes & annuelles qui se trouveront dûs, tant pour les années antérieures, que pour l'année courante, au prorata du tems qui sera écoulé depuis la derniere échéance jusqu'au jour du rachat.

» XXIII. A l'avenir les corvées réelles, les agriers, champarts & autres redevances énoncées en l'article XVII, ne s'arrérageront point, même dans les pays où le principe contraire avoit lieu;

ſi ce n'eſt qu'il y ait eu demande ſuivie de con‑ damnation. Les corvées ne pourront pas non plus être exigées en argent, mais en nature ſeulement, ſi ce n'eſt qu'il y ait eu demande ſuivie de con‑ damnation. En conſéquence, il ne ſera tenu compte, lors du rachat des corvées, agriers, champarts & autres redevances énoncées en l'article XVII, que de l'année courante, la‑ quelle ſera évaluée en argent, au prorata du temps qui ſera écoulé depuis la derniere éché‑ ance juſqu'au jour du rachat.

» XXIV. Quant au rachat des droits caſuels; c'eſt-à-dire, de ceux qui ne ſont dûs que dans le cas de mutation, ſoit de la part du proprié‑ taire du fonds ci-devant roturier, ſoit de la part des fonds ci-devant appelés fiefs, il ſera fait d'a‑ près les regles & les diſtinctions ci-après.

» XXV. Dans les pays & les lieux où les fonds ſont ſoumis à un droit particulier pour les mutations par vente, ou autres équipollens à vente, il ſera payé pour le rachat de ce droit particulier, ſavoir :

1°. Pour les fonds ſur leſquels le droit de vente eſt de la moitié du prix ou au-deſſus, cinq ſeiziemes dudit droit

2°. Pour les fonds ſur leſquels le droit eſt du tiers, cinq quinziemes, ou le tiers, du droit.

3°. Pour les fonds ſur leſquels le droit eſt du quint & requint, ou du quart, cinq qua‑ torziemes dudit droit.

4°. Pour les fonds ſur leſquels le droit eſt du quint, cinq treziemes dudit droit.

Code Féodal. E

5°. Pour les fonds fur lefquels le droit eſt du fixieme, cinq douziemes dudit droit.

6°. Pour les fonds fur lefquels le droit eſt du huitieme, cinq onziemes.

7°. Pour les fonds fur lefquels le droit n'eſt que du douzieme, ou à une quotité inférieure, quelle qu'elle foit, la moitié du droit.

» XXVI. Dans les pays & les lieux où le droit dû pour les mutations par vente, ne fe trouveroit pas être dans une des proportions ci-deſſus indiquées, & dont la quotité fe trouveroit être à un terme moyen entre deux des fept claſſes ci-deſſus, le rachat dudit droit fe fera fur le pied de celle de ces deux claſſes dont le taux eſt le moins fort

» XXVII. Dans les pays & les lieux où les fonds font foumis, outre le droit dû pour les mutations par vente, à un droit particulier & différent pour les mutations d'un autre genre, le rachat de cette feconde efpèce de droit fe fera d'après les diſtinctions & les regles ci-après.

» XXVIII. 1°. Dans les pays & les lieux où ce droit eſt dû à toutes les mutations, à la feule exception des fucceſſions & donations en directe, & des mutations de la part du feigneur, il fera payé, pour le rachat dudit droit fur les fonds qui y font fujets, les cinq douziemes dudit droit.

» XXIX. 2°. Dans les pays & les lieux où ce même droit n'eſt dû que pour les feules muta-tions en fucceſſions collatérales, il fera payé ;

Dans les pays et lieux où les
mutations par donations, soit
entrevifs ou testamentaires
donnent ouverture aux mêmes
profits seigneuriaux, que les
mutations par vente, le rachat
du droit dû pour les unes et
les autres ne pourra se faire,
qu'en payant les 6/36. du droit,
outre la quotité réglée par l'art.
25 ci-contre
    art. 13. du tit. 2. de la loi du
20 avril 1791 ci-après pag. 91.

pour le rachat, les cinq dix-huitiemes dudit droit.

» XXX. 3°. Dans les pays & les lieux où le même droit est dû à toutes mains, cest-à-dire, à toutes les mutations de la part du propriétaire du fonds redevable, & même pour les succes-fions & donations en directe, il sera payé, pour le rachat, les cinq sixiemes dudit droit.

» XXXI. 4°. Dans les pays & les lieux où le même droit, quoique dû pour les successions & donations directes & collatérales, n'a lieu que quand l'héritier ou donataire succède ou auroit succédé par moyen, ou quand il est mineur, il ne sera payé, pour le rachat, que les cinq huitiemes dudit droit.

» XXXII. 5°. Dans les pays & les lieux où le droit ci-dessus désigné se paye à toutes les mutations, autres que par vente, tant de la part du vassal ou emphytéote, que de la part du ci-devant seigneur, il sera payé, pour le rachat, un droit entier.

» XXXIII. Dans les pays & les lieux où le droit dû pour les mutations qui ne s'operent point par vente, ne pourroit point se placer dans l'une des cinq classes ci-dessus comprifes aux articles précédens, soit parce qu'il ne feroit point dû dans tous les cas exprimés par l'un de ces articles, soit parce qu'il feroit dû dans un cas non prévu par l'article, le rachat s'en fera aux taux fixé par celui desdits articles qui ré-unira le plus grand nombre des cas pour les-quels le droit est dû dans ces pays ou ces lieux particuliers.

E 2

» XXXIV. Dans l'application de l'article précédent, on n'aura aucun égard au droit que certains titres accordent pour les prétendues mutations par mariage, ou par la mort du mari, sur les biens personnels de la femme, lequel droit est & demeure supprimé, à compter du jour de la publication des présentes.

» XXXV. Dans les pays & les lieux où les fonds ne font soumis qu'à un seul & même droit, tant pour les mutations par ventes que pour les autres mutations, il fera payé pour le rachat, les cinq sixiemes du droit.

» XXXVI. Dans la coutume du grand Perche, si celui qui devoit ci-devant porter la foi pour ses puînés ou bourfaux, veut racheter les droits cafuels dont est tenu le fief bourfal, il fera tenu de payer au propriétaire defdits droits, conformément à l'article précédent, les cinq sixiemes d'un droit de rachat, liquidé fur les évaluations portées par la coutume ; & au moyen dudit rachat, il pourra exiger de ses puînés ou bourfaux la contribution dont ils étoient ci-devant tenus, lorfqu'il arrivera dans fa portion du fief une mutation de la nature de celle qui donnoit lieu à cette contribution ; & si les puinés ou bourfaux veulent fe racheter eux-même, vis-à-vis de leur aîné, de cette contribution, il lui fera payé les cinq douziemes d'un droit de rachat, au payement defquels cinq douziemes chacun des puînés ou bourfaux, qui voudra fe racheter, contribuera pour fa part & portion.

Il en fera de même dans les pays & les lieux où les mêmes regles & les mêmes ufages ci-deſſus rappelés, quant à la coutume du grand Perche, ont lieu.

» XXXVII. Lorſqu'il s'agira de liquider le rachat des droits caſuels dûs pour les mutations par vente, l'évaluation du droit ſe fera ſur le prix de l'acquiſition, ſi le rachat eſt offert par un nouvel acquéreur ; ſinon ſur le prix de la derniere des ventes qui aura été faite du fonds dans le cours des dix années antérieures.

» XXXVIII. Si le rachat n'eſt point offert par un nouvel acquéreur, ou s'il n'exiſte point de vente du fonds, faite dans les dix années précédentes, dans le cas où les parties ne s'accorderoient point de gré à gré, le redevable qui voudra ſe racheter, pourra faire une offre extrajudiciaire d'une ſomme ; en cas de refus de la part du propriétaire des droits d'accepter l'offre, les frais de l'eſtimation par experts ſeront ſupportés par celui qui aura fait l'offre, ou par celui qui l'aura refuſée, ſelon que l'offre ſera déclarée ſuffiſante ou inſuffiſante ; ſauf aux adminiſtrateurs qui n'ont point la faculté de compoſer de gré à gré, à employer en frais d'adminiſtration ceux de l'expertiſe, ainſi qu'il eſt dit en l'article XX ci-deſſus.

» XXXIX. Lorſqu'il s'agira de liquider le rachat des droits caſuels qui ſe payent à raiſon du revenu, l'évaluation s'en fera ſur le taux du dernier payement qui en aura été fait dans les dix années antérieures : s'il n'en exiſte pas, le redevable pourra faire une offre d'une ſomme ; & en cas de refus, les frais de l'eſtimation par experts feront fupportés comme il eft dit en l'article précédent.

» XL. Il ne fera payé aucun droit, ni de vente, ni de rachat, pour les fonds domaniaux & eccléfiaftiques, qui feront vendus en exécution des décrets des 19 décembre 1789, & 17 mars dernier, par nous fanctionnés ou acceptés. L'exemption n'aura lieu cependant, à l'égard des biens eccléfiaftiques, que pour ceux qui font mouvans de fonds domaniaux, ou qui auront payé le droit d'indemnité aux propriétaires des fiefs dont ils relevent, ou à l'égard defquels le droit d'indemnité fe trouveroit prefcrit, conformément aux regles qui avoient lieu ci-devant.

» XLI. Les fommes qui feront dues pour le rachat, foit des redevances annuelles, foit des droits cafuels, feront payées aux propriétaires defdits droits, outre & indépendamment de ce qui fe trouvera leur être dû pour raifon de mutation ou d'arrérages échus antérieuremeut à l'époque du rachat.

» XLII Si le même propriétaire, qui aura racheté les droits feigneuriaux cafuels & autres, dont fon fonds étoit chargé, vend ce même fonds ou l'aliene, dans les deux années poftérieures au rachat, par un acte volontaire quelconque, fujet au droit de mutation, le droit fera dû nonobftant le rachat. Seront néanmoins exceptés de la préfente difpofition, ceux qui fe rachéteront dans le cours de deux années, à compter du jour de la publication des préfentes.

» XLIII. Les lignagers de celui qui aura

reçu le rachat des droits seigneuriaux dépen-
dant de son fief, ne pourront point exercer
le retrait desdits droits, sous prétexte que le
rachat équipolle à une vente.

» XLIV. Les propriétaires de fiefs qui auront
reçu le rachat en tout ou en partie, des droits
seigneuriaux fixes ou casuels, dépendans de leurs
fiefs, & qui seront soumis eux-mêmes à des
droits casuels envers un autre fief, seront tenus
de payer au propriétaire du fief le rachat qui lui
sera dû, proportionnellement aux sommes qu'ils
auront reçues, & ce rachat sera exécuté progres-
sivement dans tous les dégrés de l'ancienne échelle
féodale.

» XLV. Le rachat dû par les propriétaires
du fief inférieur, sera liquidé sur la somme
portée en la quittance qu'il aura donné, encore
que la quotité en soit inférieure aux taux ci-dessus
fixés, à moins qu'il n'y ait fraude & déguisement
dans l'énonciation de la quittance, & ce rachat
sera liquidé sur ceux des taux ci-dessus fixés,
qui seront applicables au fief dont dépendoient
les droits rachetés; en telle sorte qu'il ne sera
payé pour ce rachat, que la même somme qui
seroit due pour le rachat d'un fief de la même
valeur que celle portée en la quittance.

» XLVI. Tout propiétaire de fief qui aura
reçu le rachat de droits dépendans de son fief,
sera tenu, à peine de restitution du double, d'en
donner connoissance au propriétaire du fief dont
il relève, dans le cours du mois de janvier de
l'année suivante, celle dans laquelle les rachats
lui auront été faits, sans préjudice du droit du
propriétaire supérieur, d'exiger les rachats à lui

dûs avant ce terme, s'il en a eu connoiſſance autrement.

» XLVII. Pourront tous les propriétaires de fiefs, qui ont ſous leur mouvance d'autres fiefs, former, s'ils le jugent à propos, au greffe des hypothèques du reſſort de la ſituation des chefs-lieux des fiefs mouvans d'eux, une ſeule oppoſition générale au rembourſement de toutes ſommes provenant des rachats offerts aux pro-priétaires des fiefs qui ſont ſous leur mouvance'; mais il ne pourront former aucune oppoſition particulière entre les mains des redevables : & les frais de l'oppoſition générale, ainſi que ceux qu'elle occaſionneroit, feront à leur charge, ſi la notification ordonnée par l'article XLVI leur a été faite, ou leur eſt faite dans le délai preſcrit.

» XLVIII. Les créanciers des propriétaires de fiefs dont dépendent les droits féodaux ou cenſuels rachetables, pourront former au greffe des hypothèques du reſſort de la ſituation des chefs-lieux deſdits fiefs; une ſeule oppoſition générale au rembourſement des ſommes prove-nant deſdits droits; mais il ne pourront former aucune oppoſition particuliere entre les mains des redevables, à peine de nullité, & de répondre en leur propre & privé nom des frais qu'elles occa-ſionneroient.

» XLIX. Dans les pays où l'édit de juin 1771 n'a point d'exécution, les oppoſitions gé-nérales dont il eſt parlé aux articles XLVII & XLVIII ci-deſſus, pourront être formées au greffe du ſiége royal du reſſort; il y ſera tenu à cet effet un regiſtre particulier par le greffier,

auquel

auquel il fera payé les mêmes droits établis par l'édit de juin 1771.

» L. Les propriétaires de fiefs & les créanciers qui formeront les oppofitions générales défignées dans les articles XLVII, XLVIII & XLIX ci-deffus, ne feront point obligés de les renouveller tous les trois ans : lefdites oppofitions dureront trente ans, dérogeant, quant à ce feulement, à l'édit de juin 1771.

» LI. Les créanciers qui auront négligé de former leur oppofition ne pourront exercer aucuns recours contre les redevables qui auront effectué le payement de leur rachat.

» LII. Les redevables ne pourront effectuer le payement de leur rachat, qu'après s'être affurés qu'il n'exifte aucune oppofition au greffe des hypothèques , ou au greffe du fiége royal dans les pays où il n'y a point de greffe des hypothèques. Dans le cas où il exifteroit une ou plufieurs oppofitions, ils s'en feront délivrer un extrait, qu'ils dénonceront à celui fur lequel elles feront faites, fans pouvoir faire aucune autre procédure, ni fe faire autorifer à configner que dans trois mois après la dénonciation, dont ils pourront répéter les frais, ainfi que ceux de l'extrait des oppofitions.

» LIII. Les offres tendantes au rachat des droits feigneuriaux fixes ou cafuels, feront faites au chef-lieu du fief dont dépendront les droits rachetables. Pourront néanmoins les parties liquider les rachats, & en opérer le paiement en tel lieu qu'elles jugeront à propos. Dans ce dernier cas, les paiemens qui feront faits en

Code Féodal.   F

conséquence d'un certificat délivré par le greffier des hypothèques, ou par celui du siège royal, qu'il n'existoit point d'oppositions, seront valables, nonobstant les oppositions qui seroient survenues depuis, pourvu que la quittance ait été contrôlée dans le mois de la date dudit certificat.

» LIV. Toutes quittances de rachat des droits seigneuriaux, même celles reçues par les notaires, dont les actes sont exempts du contrôle, seront assujetties au contrôle : il en sera tenu un registre particulier, sur lequel le commis enregistrera par extrait la quittance, en annonçant le nom du propriétaire du fief qui aura reçu le rachat, celui du fief dont dépendoient les droits rachetés, le nom de celui qui aura fait le rachat, & la somme payée. Il ne sera payé que quinze sols pour le droit de contrôle & d'enregistrement ; les frais en seront à la charge de celui qui fera le rachat, lequel sera tenu de l'obligation de faire contrôler la quittance, sous les peines prescrites par les réglemens existans.

» LV. Dans les pays où le contrôle n'a pas lieu, il sera établi dans chaque siége royal un registre particulier pour le contrôle & enregistrement des quittances de rachat, & il sera payé au greffier quinze sols pour tout droit.

» LVI. Il ne sera perçu aucun droit de centieme denier sur les rachats & remboursemens des droits ci-devant seigneuriaux, soit fixes, soit casuels.

» LVII. Il sera libre aux fermiers qui ont ci devant pris à bail les droits casuels d'un ou plusieurs fiefs, sans mélange d'autres biens, ou dont les baux ne comprendroient avec lesdits droits casuels, que des droits supprimés sans indemnité par le décret du 15 Mars, que nous avons accepté, de remettre leurs beaux, sans pouvoir prétendre, à l'égard desaits droits casuels d'autre indemnité que la restitution des pots-de-vin & fermages payés d'avance au prorata de la jouissance.

» A l'égard des fermiers qui ont pris à bail les droits casuels avec d'autres biens, ils percevront tous les droits casuels qui échoiront pendant le cours de leur bail sur les fonds qui n'ont point été rachetés, ou sur lesquels ils seroient dus nonobstant le rachat; & s'il survient sur des fonds rachetés des mutations qui eussent donné lieu à un droit casuel, le propriétaire du fief auquel le droit auroit appartenu, en tiendra compte au fermier, à la déduction néanmoins d'un quart sur le montant dudit droit.

A l'égard des rédevances fixes & annuelles qui seroient rachetées pendant le cours du bail, le propriétaire desdits droits en tiendra compte annuellement au fermier, par diminution sur le fermage.

» LVIII. Les droits d'échange établis au profit du roi, par les édits de 1645 & 1646, & autres réglemens subséquens, soit qu'ils soient perçus à notre profit, soit qu'ils soient perçus par des concessionnaires engagistes ou apanagistes, sont & demeurent supprimés, à compter de la publication des lettres patentes du 3 novembre 1789, sans néanmoins aucune restitution des droits qui auroient été perçus depuis ladite époque. Quant à ceux defdits droits qui étoient perçus à notre profit, toutes pourfuites intentées ou à intenter pour raifon des mutations arrivées avant ladite époque, font & demeureront éteintes. Les acquéreurs defdits droits préfenteront, dans le délai de fix mois, à compter du jour de la publication des préfentes, leurs titres au comité de liquidation, établi par le décret du 23 janvier de la préfente année, & il fera pourvu à leur rembourfement ainfi qu'il appartiendra.

LETTRES PATENTES DU ROI,

Du 31 Juillet 1789. 1790

Sur le Décret du 3 du même mois.

LOUIS, &c. « L'affemblée nationale ayant réfervé, par les articles IX, X & XI de fon décret du 3 Mai de la préfente année, de ftatuer ultérieurement fur plufieurs points relatifs au rachat des droits féodaux, dépendans des biens défignés dans lefdits articles, a décrété, le 3 de ce mois, & nous voulons & ordonnons ce qui fuit :

Art. I. » Le prix qui proviendra des rachats des droits féodaux qui auroient été liquidés par les officiers des municipalités, en exécution de l'article IX de nos Lettres patentes du 9 mai 1790, données fur le décret du 3 mai, fera employé à l'acquit des dettes de l'état, &, à cet effet, verfé dans la caiffe du diftrict du reffort, & de cette caiffe en celle de l'extraordinaire, fauf à être pourvu par nous, s'il y a

lieu, d'après les décrets de l'affemblée nationale, ou des légiflatures fuivantes, en faveur
des établiffemens auxquels appartenoient les
droits rachetés, à une indemnité convenable,
fur l'avis des affemblées adminiftratives du reffort.

» II. Il en fera de même du prix qui proviendra du rachat des droits dépendans des biens
énoncés en l'article X de nofdites lettres patentes
du 9 mai 1790, données fur le décret du 3 mai,
même quant à ceux des biens dont l'adminiftration a été confervée provifoirement à certains
établiffemens, par les articles VIII & IX de
nos lettres patentes du 22 avril dernier, données fur les décrets des 14 & 20 du même mois,
fauf à être pourvu, s'il y a lieu, ainfi qu'il eft
dit en l'article précédent, à telle indemnité
qu'il appartiendra ; en conféquence les affemblées
adminiftratives qui ont été autorifées à liquider
les rachats des droits dépendans defdits biens,
en feront verfer le prix dans la caiffe de l'extraordinaire.

» III. Sont exceptés de la difpofition précé-
dente, les rachats des droits dépendans des biens
appartenans aux commanderies, dignités & grands
prieurés de l'ordre de Malte, lefquels, jufqu'à
ce qu'il en ait été autrement ordonné, pourront être liquidés par les titulaires actuels, à la
charge par eux de fe conformer au taux & au
mode prefcrits par nos lettres patentes du 9 mai
dernier, fur le décret du 3 mai, de faire approuver
les liquidations par les affemblées adminiftratives
du reffort, ou leurs directoires, lefquels feront

verfer le prix qui en proviendra, dans la caiſſe de l'extraordinaire.

» IV Quant aux rachats des droits appartenans aux biens ci-devant connus fous le titre de *domaine de la couronne*, & dont l'adminiſtration a été juſqu'ici confiée à la régie deſdits biens, ſoit en totalité, ſoit pour la perception des droits caſuels, la liquidation ou rachat des droits dépendans deſdits biens, ſera faite par les adminiſtrateurs de ladite régie, ou par leurs prépoſés, & ce juſqu'à ce qu'il en ait été autrement ordonné; à la charge, 1°. de ſe conformer au taux & au mode preſcrits par noſdites lettres patentes du 9 mai dernier, ſur le décret du 3 mai; 2°. que leſdites liquidations feront vérifiées & approuvées par les directoires des aſſemblées adminiſtratives, dans le reſſort deſquels feront ſitués leſdits biens; 3°. que les adminiſtrateurs compteront du prix des deſdits rachats, & le feront verſer au fur & à meſure en la caiſſe de l'extraordinaire.

» V. La diſpoſition de l'article précédent aura lieu, même pour les rachats des droits & redevances fixes & annuelles des biens actuellement poſſédés à titre d'engagement, ou concédés à vie ou à tems, & pour les rachats des droits, tant fixes que caſuels, dépendans deſdits domaines poſſédés à titre d'échange, mais dont les échanges ne ſont pas encore conſommés, ſauf à être pourvu, s'il y a lieu, aux indemnités qui pourroient être dues aux engagiſtes ou échangiſtes, le tout ſans aucune approbation des échanges conſommés, & ſans préjudice des oppoſitions qui pourront être formées au nom de la nation, aux rachats des droits dépendans des biens aliénés à ce titre, & dont le titre auroit été reconnu susceptible de révision ; lesquelles oppositions ne pourront être formées que de la maniere & en la forme préscrite par les articles XLVII, XLVIII & XLIX de nos lettres patentes du 9 mai dernier, données sur le décret du 3 mai.

» VI. Quant au rachat des droits dépendans des biens possédés à titre d'apanage, ils pourront, jusqu'à ce qu'il en ait été autrement ordonné, être liquidés par les possesseurs actuels, à la charge que lesdites liquidations seront faites conformément au taux & au mode préscrits par nosdites lettres patentes du 9 mai dernier, sur le décret du 3 mai, & qu'elles seront vérifiées & approuvées par les assemblées administratives, dans le ressort desquelles seront situés les biens dont dépendront lesdits droits, & que le prix en sera versé dans la caisse du district, & de celle de l'extraordinaire, sauf à être pourvu, s'il y a lieu, aux indemnités convenables au profit des apanagistes.

· » VII. A l'égard des rachats qui seront dûs à la nation par les propriétaires des biens mouvans des biens nationaux, même par les apanagistes ou les échangistes, dont les échanges ne sont point encore consommés, à raison des rachats par eux reçus pour les droits dépendans de leurs fiefs, la liquidation des sommes par eux dûes, sera faite provisoirement, & jusqu'à ce qu'il en ait été autrement ordonné par les administrateurs de la régie des domaines, sous les conditions qui ont été prescrites auxdits administrateurs, par les articles IV & V ci-dessus.

» VIII. Les fonctions ci-dessus déléguées aux assemblées administratives, seront exercées par la municipalité actuelle de Paris, ou par celle qui sera établie, conformément au réglement porté par nos lettres-patentes du 27 juin dernier, données sur les décrets des 3, 6, 7, 10, 14, 15 & 21 mai dernier, jusqu'à ce que l'adminstration du département de Paris soit en activité. Mandons, &c.

LETTRES-PATENTES DU ROI,

Données en Avril 1790, sur le Décret du 19 du même mois.

LOUIS, &c. » Le droit de *ravage, fautrage, préage, coisolage, parcours ou páturage* sur les près avant la fauchaison de la premiere herbe, sous quelque dénomination qu'il soit connu, est aboli, sauf indemnité, dans le cas où il seroit justifié, dans la forme prescrite par l'article 29 du titre II du décret du 15 mars dernier, avoir été établi par convention ou par concession de fonds, & sans que, sous ce prétexte, il puisse être prétendu par ceux qui en ont joui jusqu'à présent, aucun droit de páturage sur les secondes herbes ou regains, lorsqu'il ne leur seroit pas attribué par titre, coutume ou usage valable.

Les procès intentés & non décidés par jugement en dernier ressort, avant la publication des présentes, relativement au droit ci-dessus aboli,

aboli, ne pourront être jugés que pour les frais des procédures faites antérieurement à cette époque. Mandons &c.

LETTRES-PATENTES DU ROI,

Du 16 mai 1790, sur le décret du 9 du même mois.

LOUIS, &c. » L'assemblée nationale, après avoir ouï le rapport de son comité de féodalité, a décrété le 9 du présent mois, & nous voulons & ordonnons que les baux passés aux sieurs Karcher, Braun, & autres particuliers de la Lorraine-Allemande, du droit connu en Lorraine, sous la dénomination de *droit de troupeau à part*, seront exécutés suivant leur forme & teneur, jusqu'au 11 novembre de la présente année; les autorisons en conséquence à continuer de mettre séparément sur la pâture des territoires où ils en ont le droit, & jusqu'à due concurrence, les troupeaux à eux appartenant ; faisons défenses de les troubler par voie de fait dans l'exercice dudit droit, sous telles peines qu'il appartiendra, & en outre de leurs dommages & intérêts, desquels demeureront solidairement responsables ceux qui pourroient y apporter empéchement ; à charge par lesdits sieurs Karcher, Braun & autres, dans le cas où le droit de troupeau à part viendroit à cesser avant ladite époque du 11 novembre prochain, de payer proportionnellement aux communautés intéressées, par forme d'indemnité, le prix de leur fermage, sans entendre rien préjuger à l'égard dudit droit de troupeau à part, sur

Code Féodal. G

lequel l'assemblée nationale se réserve de pro-
noucer. Mandons &c.

LETTRES-PATENTES DU ROI,

Du 21 mai 1790, sur le décret du 17 du même mois.

LOUIS, &c. » L'assemblée nationale considérant qu'il importe à la tranquillité des citoyens,
d'arrêter les pourfuites en retrait féodal ou cenfuel,
qui depuis, & nonobftant la fanction & publication du décret du 15 mars dernier, continuent
de s'exercer dans plufieurs tribunaux, fous prétexte qu'elles avoient été commencées avant cette
époque, a déclaré, le 17 mois, & nous déclarons
& ordonnons ce qui fuit :
Conformément à l'article **XXXIV** du titre
II dudit décret, toute demande en retrait féodal
ou cenfuel, qui n'a pas été adjugée avant la publication des lettres-patentes du 3 novembre 1789,
par un jugement en dernier reffort, eft & doit
demeurer fans effet, fauf à faire droit fur les
dépens des procédures antérieures à cette époque;
& feront déclarés nuls tous jugemens & arrêts
qui auroient été ou feroient ci-après rendus au
contraire. Mandons &c.

LETTRES-PATENTES DU ROI.

Du 26 mai 1790, fur le décret du 15 du même mois.

LOUIS, &c. » L'affemblée nationale informée
des défordres & voies de fait auxquels plufieurs
communautés d'habitans & particuliers fe font

portés dans différentes provinces du royaume ,
par une fausse interprétation des articles XXX
& XXXI du titre II du décret du 15 mars
dernier, sanctionné par lettres-patentes du roi
du 28 du même mois , a décrété le 15 mai, &
nous voulons & ordonnons que par l'abolition
du droit de triage, c'est-à-dire, de l'action qu'avoit
ci-devant le seigneur pour se faire délivrer, dans
certains cas , le tiers des biens par lui concédés
précédemment aux communautés d'habitans , il
ne soit rien préjugé sur la propriété des bois ,
pâturages, marais, vacans, terres vaines & vagues,
ni attribué sur ces biens aucun nouveau droit aux
communautés d'habitans , ni aux particuliers qui
les composent. *Ordonnons que toutes les Com-*
munautés & tous les particuliers qui prétendoient
avoir sur les bois , pâturages , marais , vacans ,
terres vaines & vagues , des droits de propriété ,
d'usage , de pacage ou autres dont ils n'auroient
pas eu la possession réelle & de fait au 4 août
1789, seront tenus de se pourvoir par les voies
de droit, contre les usurpations dont ils croiroient
avoir droit de se plaindre : mettons tous les possesseurs & afféagistes actuels desdits biens , sous
la sauve-garde spéciale de la loi : faisons défenses
à toutes personnes de les troubler par voies de
fait, à peine d'être poursuivies extraordinairement,
sauf à faire juger contradictoirement avec eux par
les juges qui en doivent connoître, la légitimité
ou l'illégitimité de leurs possessions. Ordonnons
aux curés & vicaires desservant les paroisses, de
faire lecture au prône, tant des présentes lettres-
patentes , que de l'article II de celles du mois

de décembre 1789, intervenues fur le décret du 11 décembre 1789, enfemble de l'article III des lettres-patentes du 26 Février 1790, intervenues fur le décret du 23 Février, & de l'article V du titre III des lettres-patentes du 28 mars dernier, intervenues fur le décret du 15 du même mois, lefquels à cet effet feront annexés par extrait à l'expédition des préfentes. Mandons &c.

LETTRES-PATENTES DU ROI.

Du 18 juin 1790.

Sur le décret du 13 de ce mois, portant abo-
lition des retraits de bonrgeoifie, d'habitations
& autres.

LOUIS, &c. L'affemblée nationale a décrété, le 13 de ce mois, & nous voulons & ordonnons ce qui fuit :

Le retrait de bourgeoifie, d'habitation ou de local, le retrait d'éclefche, le retrait de fociété, frareufeté, convenance ou bienféance, font abolis.

Les procès concernant lefdits retraits, qui ne feront pas jugés en dernier reffort à l'époque de la publication des préfeutes. demeureront comme non avenus, & il ne pourra être fait droit que fur les dépens qu'ils auront occafionnés. Mandons, &c.

ARRÊT DU CONSEIL D'ETAT DU ROI,

Du 11 juillet 1790.

*Qui casse des délibérations prises par les muni-
cipalités de Marsangy, Termancy, Angely &
Buisson, concernant le paiment des droits de
champart, terrages & autres.*

Sur le compte rendu au roi étant en son
conseil, de la délibération prise le 30 mai de
la présente année, par la municipalité de Marsangy & Termancy, & d'une autre délibération
de la municipalité d'Angely & Buisson, département de l'Yonne, district d'Avalon, en date
du 12 juin; sa majesté y auroit vu que lesdites
municipalités assemblées en conseil général de
communes, avoient arrêté de faire aux propriétaires une sommation de leur exhiber sous
quinzaine, & déposer au greffe les titres en
vertu desquels ils prétendent percevoir les droits
de cens, champarts & autres droits seigneuriaux
qu'ils sont en possession de lever dans l'étendue
desdites paroisses, faute de quoi le paiement des
droits seroit refusé. Que cette prétention étoit
fondée, de leur part, sur l'article XXIX du
titre II des lettres patentes du 28 mars, par
lesquelles sa majesté a sanctionné le décret de
l'assemblée nationale, du 15 du même mois; &
que lesdites municipalités auroient cru en cela
remplir un devoir, se regardant comme obligées
de veiller à la conservation & à l'affranchissement

des biens de la commune & de ceux des particuliers. Sa majesté considérant que ce n'est que
par une fausse interprétation qu'on peut tirer
de telles conséquences d'une loi dont les dispositions sont claires, & qu'une lecture attentive devoit prévenir une erreur de ce genre ; elle
a cru qu'il étoit nécessaire de rappeller le véri-
table sens des décrets, & d'anéantir des actes
qui s'opposoient à leur exécution.

Que par son décret du 15 mars, sanctionné
par sa majesté, l'assemblée nationale a distingué
les droits seigneuriaux supprimés sans indemnité,
de ceux qui sont rachetables ; que les premiers
sont énoncés dans le titre II, mais que néanmoins quelques-uns d'entr'eux peuvent donner
lieu à une indemnité, si leur exécution a pour
origine une concession de fonds ; que c'est par
rapport à ceux-là que l'article XXIX dudit titre
II, exige des ci-devant seigneurs, à défaut du
titre primitif, la représentation des deux reconnoissances, & la possession d'au moins 40 ans,
que cette précaution étoit juste, parce que si,
dans l'organisation du système féodal, les droits
de *fouage, bourgeoisie, guet & garde, bannalité,
banvin, corvées & autres*, étoient le plus souvent
le fruit de l'usurpation, il avoit pu se faire, &
il étoit, en effet, arrivé quelquefois que, sous
la même dénomination, il avoit été créé des
droits formant le prix d'une concession ; que par
cette raison, ils donneroient ouverture à une
indemnité légitime ; mais qu'en prenant pour
régle ce qui s'étoit pratiqué le plus généralement,
la présomption naturelle étoit contre les ci-de-

vant feigneurs, tant qu'il ne rapporteroient pas
de titres capables de la détruire , & qu'auffi on
leur avoit impofé la néceffité de les repréfenter,
par rapport à ces fortes de droits feulement,
quand ils prétendroient à un rembourfement quelconque.

Mais que le titre III du même décret eft con-
facré à fournir l'énumération des droits feigneuriaux, qui ne peuvent s'éteindre que par le rachat , & doivent être fervis jufqu'au rembourfement effectif; que les termes de l'article Ier. dudit titre III , ne laiffent point doute , en difant :
« Seront *fimplement rachetables* , & coutinueront
» *d'être payés* jufqu'au rachat effectué , tous les
» droits & devoirs féodaux , ou cenfuels utiles ,
» qui font le prix & la condition d'une concef-
» fion primitive de fonds ; que l'article II ajoute
» auffitôt : *Et font préfumés tels , fauf la preuve*
» *contraire* , toutes les redevances feigneuriales
» annuelles , en argent , grains. . . . .
» denrées ou fruits de la terre , fervis fous la
» dénomination de cens , cenfives , furcens. . . . .
» champarts , terrages , &c. » Qu'il réfulte évi-
demment de cette difpofition , que loin d'avoir
rien à prouver pour conferver leurs poffeffions
de cens , terrages , champarts , &c. jufqu'au rachats , c'eft au contraire à celui qui refufe le
fervice du droit , à établir qu'il n'eft pas la re-
préfentation de la conceffion primitive , qu'auffi ,
loin d'avoir laiffé aux affemblées adminiftratives,
la faculté de s'oppofer , pour l'intérêt général ,
à la preftation des rentes en argent , ou en nature de fruits , l'article V dit pofitivement : « Au

» cune municipalité, aucune adminiſtration de
» diſtrict ou de département, ne pourront, à
» peine de nullité, de priſe à partie & de dom-
» mages-intérêts, prohiber la perception d'aucun
» des droits ſeigneuriaux, dont le paiement ſera
» réclamé, ſous prétexte qu'ils ſe trouvoient
» implicitement ou explicitement ſupprimés ,
» ſauf aux parties intéreſſées à ſe pourvoir, par
» les voies de droit ordinaires, devant les juges
» qui en doivent connoître ». Que cette diſpoſition ſuffiſoit pour tracer aux minicipalités de
Marſangy & Termancy, d'Angely & Buiſſon, la
route qu'elles devoient tenir, & prévenir les délibérations qu'elles ont cru devoir prendre.

Que cependant des plaintes ayant été portées
au roi & à l'aſſemblée nationale, relativement
à des refus faits dans différens cantons, de ſer-
vir le champart, le terrage & les dîmes, l'aſſemblée nationale avoit cru devoir s'expliquer de
nouveau ſur ces différens objets, par ſon décret
du 18 juin dernier, ſanctionné par les lettres-
patentes du 23 du même mois. Que les articles
II & III ordonnent poſitivement que « les rede-
» vables de champarts, terrages, arrages, agriers,
» complans & de toutes autres redevances paya-
» bles en nature, qui n'ont pas été ſupprimées
» ſans indemnité, ſeront tenus de les payer, la
» préſente année & les ſuivantes, juſqu'au rachat,
» en la maniere accoutumée, c'eſt-à-dire, en
» nature & à la quotité d'uſage......... Que nul
» pourra, ſous prétexte de litige, refuſer le paie-
» ment des droits énoncés dans l'article II du
» titre du III du décret du 15 mars, ſauf à
» ceux

» ceux qui se trouveront en contestation, à les
» faire juger. Que l'article V fait défense à toutes
» personnes d'apporter aucun trouble à la per-
» ception des champarts, soit par des écrits,
» soit par des discours, des menaces, voies de
» fait ou autrement, à peine d'être poursuivis
» comme perturbateurs du repos public ; & charge
» les municipalités d'y veiller sous les peines
» prononcées par le décret du 23 février, sanc-
» tionné par les lettres-patentes du 26 ».

Que si le sens & l'esprit des décrets eussent
été mieux connus & plus approfondis par les
municipalités de Marsangy & Termancy, Angely & Buisson ; tout porte à croire que voulant
s'occuper du soin de les faire exécuter, elles
n'eussent pas pris des délibérations qui y sont
textuellement opposées, & qu'il est conséquem-
ment impossible de laisser subsister ; & que sa
majesté, toujours attentive à maintenir l'exécution des loix & à protéger la propriété, doit
s'empresser de détruire une erreur dangereuse,
qui ne serviroit qu'à donner un nouvel aliment
aux troubles que les ennemis du bien public
ne cessent de fomenter. A quoi voulant pouvoir ;
Ouï le rapport, LE ROI ÉTANT EN SON CONSEIL,
a cassé & annullé, casse & annulle la délibération prise en conseil de commune par la municipalité de Marsangy & Termancy, le 30 mai
dernier, & celle prise par la municipalité d'Angely & Buisson, le 12 juin, ainsi que tout ce
auroit pu s'ensuivre ; fait défense auxdites municipalités & à toutes autres d'en prendre à l'avenir de semblables ; ordonne que l'article I, II

& V du décret de l'assemblée nationale, du 15 mars dernier, sanctionné par lettres-patentes du 28 du même mois, & les articles II, III & V du décret du 18 juin, sanctionné par lettres-patentes du 23 du même mois feront exécutés suivant leur forme & teneur. En conséquence, que tous propriétaires & détempteurs d'héritages, feront tenus de continuer jusqu'au rachat, le service des rentes ci-devant seigneuriales, qui se perçoivent & se payent sur les héritages, soit en argent, soit en nature de fruits, sous le nom de cens, censives, champarts, terrages, agriers, complans & autres dénominations insérées dans l'article II du titre III du décret de l'assemblée nationale, du 15 mars, sans pouvoir le refuser, sous prétexte qu'aucun desdits droits se trouveroient implicitement ou explicitement supprimés, sauf aux parties intéressées à se pourvoir, par les voies de droit ordinaires, devant les juges qui en doivent connoître. Enjoint aux assemblées administratives & aux municipalités, & notamment à celles des départemens de la Côte-d'Or, de l'Yonne & de la Nièvre, d'y tenir la main. Ordonne que le présent arrêt sera imprimé & affiché par tout ou besoin sera ; ordonne pareillement que du très-exprès commandement de sa majesté, il sera signifié aux municipalités de Marsangy & Termancy, Angely & Buisson, & transcrit sur leurs registres, à la poursuite & diligence du procureur-général-syndic du département d'Yonne, que sa majesté en charge expressément. FAIT au conseil d'état du roi, sa majesté y étant, tenu à Paris le onze juillet mil sept cent quatre-vingt-dix. *Signé* GUIGNARD.

LETTRES-PATENTES DU ROI,

Du 23 juillet 1790.

Sur le décret du 19 du même mois , portant abolition du retrait lignager , du retrait de mi-denier , des droits d'écart & autres de pareille nature.

LOUIS , &c. L'assemblée nationale a décrété le 19 de ce mois, & nous voulons & ordonnons ce qui suit :

« Art. I. Le retrait lignager & le retrait de mi-denier, sont abolis.

» II. Toute demande en retrait lignager ou de mi-denier qui n'aura pas été consentie ou adjugée en dernier ressort, avant la publication des présentes, sera & demeura comme non avenue, & il ne pourra être fait droit que sur les dépens des procédures antérieures à cette époque, ensemble sur les intérêts des sommes qui auroient été consignées par les retrayans.

» III. Supprimons le droit connu dans les départemens du Nord & du Pas-de-Calais, sous les nom *d'écart , escas* ou *boutehors* , & éteignons toutes les procédures , poursuites ou recherches qui auroient ce droit pour objet.

» IV. Supprimons également, avec pareille extinction de procédures, poursuites & recherches , les droits de treizain perçus par la commune de Nîmes , sur les particuliers domiciliés ou non domiciliés, qui aliénent leur derniere maifon ou heritage ; enfemble les droits d'ab-zug, de détraction, émigration, florin de fuc-ceffion ou autres femblables qui ont eu lieu juf-qu'à préfent au profit de ci-devant feigneurs ou de communautés d'habitans ; comme auffi tous les droits que certaines villes ou communes font en poffeffion de lever fur les biens qui paffent des mains d'un bourgeois ou domicilié, dans celles d'un forain, foit par fucceffion, foit par toute autre voie ».

Lettres-Patentes du Rol.

Du 15 août 1790.

Sur le décret du 26 juillet précédent, relatif aux droits de propriété & de voierie fur les chemins publics, rues & places de villages, bourgs ou villes, & arbres en dependans.

LOUIS, &c. L'affemblée nationale a décrété, le 26 juillet 1790, & nous voulons & ordon-nons ce qui fuit :

» Art. I. Le régime féodal & la juftice fei-gneuriale étant abolis, nul ne pourra dorénavant, à l'un ou à l'autre de ces deux titres, préten-dre aucun droit de propriété ni de voyerie fur les chemins publics, rues & places de villages, bourgs ou villes.

» II. En conféqnence, le droit de planter des arbres, ou de s'approprier les arbres crûs fur les chemins publics, rues & places de villages,

bourgs ou villes , dans les lieux où il étoit attribué aux ci-devant Seigneurs, par les coutumes,
ftatuts ou ufages , eft aboli.

» III. Dans les lieux énoncés dans l'article
précédent , les arbres exiftans actuellement fur
les chemins publics , rues ou places de villages ,
bourgs ou villes, continueront d'être à la difpofition des ci-devant feigneurs, qui en ont été
jufqu'à préfent réputés propriétaires, fans préjudice des droits des particuliers qui auroient fait
des plantations vis-à-vis leurs propriétés, & n'en
auroient pas été légalement dépoffédés par les
ci-devant feigneurs.

» IV. Pourront néanmoins les arbres exiftans
fur les rues ou chemins publics, être rachetés
par les propriétaires riverains, chacun vis-à-vis
fa propriété, fur le pied de leur valeur actuelle,
d'après l'eftimation qui en fera faite par des experts nommés par les parties, finon d'office par
le juge ; fans qu'en aucun cas cette eftimation
puiffe être inférieure au coût de la plantation
des arbres.

» V. Pourront pareillement être rachetés , par
les communautés d'habitans , & de la maniere
ci-deffus prefcrite , les arbres exiftans fur les
places publiques des villes , bourgs ou villages.

» VI. Les ci-devant feigneurs pourront, en
tout tems , abattre & vendre les arbres dont le
rachat ne leur a pas été offert , après en avoir
averti par affiches, deux mois à l'avance, les propriétaires riverains & les communautés d'habitans,
qui pourront refpectivement , & chacun vis-à-

vis de fa propriété ou les places publiques, les racheter dans ledit délai.

» VII. Ne font compris dans l'article III ci-deffus, non plus que dans les fubféquens, les arbres qui pourroient avoir été plantés par les ci-devant feigneurs, fur les fonds même des riverains, lefquels appartiendront à ces derniers, en rembourfant par eux les frais de plantation feulement.

» VIII. Ne font pareillement comprifes dans les articles IV & VI ci-deffus, les plantations faites, foit dans les avenues, chemins privés & autres terreins appartenans aux ci-devant feigneurs, foit dans les parties de chemins publics qu'ils pourroient avoir achetées des riverains, à l'effet d'a-grandir lefdits chemins & d'y planter; lefquelles plantations pourront être confervées & renou-vellées par les propriétaires defdites avenues, che-mins privés, terreins ou parties des chemins pu-blics, en fe conformant aux règles établies fur les intervalles qui doivent féparer les arbres plan-tés d'avec les héritages voifins.

» IX. Il fera ftatué, par une loi particuliere, fur les arbtes plantés le long des chemins dits *Royaux*.

» X. Les adminiftrations de départemens fe-ront tenues de propofer au corps légiflatif les mefures qu'elles jugeront les plus convenables, d'après les localités, & fur l'avis des diftricts, pour empêcher, tant de la part des riverains & autres particuliers, que des communautés d'ha-bitans, toute dégradation des arbres dont la confervation intéreffe le public, & pour pourvoir au remplacement de ceux qui auroient été, ou pourroient être abattus; & cependant les municipalités ne pourront, à peine de refponfabilité, rien entreprendre en vertu dudit décret, que d'après l'autorifation expreffe du directoire du département, fur l'avis du diftrict, qui fera donnée fur une fimple requête, & après communication aux parties intéreffées, s'il y en a (1).

L O I

Donnée le 19 novembre 1790,

Sur le décret du 12 du même mois, relative à l'eftimation des arbres fruitiers, plantés fur les rues ou chemins publics.

LOUIS, &c. « l'affemblée nationale, voulant faire ceffer les difficultés qui fe font élevées fur l'exécution de l'article 4 du décret du 26 juillet dernier, décrète que l'eftimation des arbres fruitiers, plantés fur les rues ou les chemins publics, que les propriétaires riverains voudront racheter, fera faite au capital au denier dix du produit commun annuel defdits arbres, formé fur les 14 dernieres années, déduction faite des deux plus fortes & des deux moindres, fauf les déductions que les experts pourront admettre fur ledit capital, d'après les localités, l'âge & l'état des arbres qu'il s'agira d'eftimer. Mandons, &c.

---

(1) Cet article a été ainfi rectifié par letttes-patentes du 12 feptembre 1790, fur le décret du 29 août précédent.

L O I

Du 5 novembre 1790 , fur le decret du 28 du mois précédent.

Que ordonne l'exécution dans les départemens du haut & bas-Rhin ; des décrets de l'affemblée nationale, relatifs aux droits feigneuriaux & féodaux.

LOUIS, &c. L'affemblée nationale , après avoir entendu le rapport de fon comité féodal & de fon comité diplomatique , confidérant qu'il ne peut y avoir dans l'étendue de l'empire français d'autre fouveraineté que celle de la nation ; déclare que tous fes décrets acceptés & fanctionnés par le roi, notamment ceux des 4, 6, 7, 8 & 11 août 1789, 15 mars 1790, & autres concernant les droits feigneuriaux & féodaux doivent être exécutés dans les départemens du haut & du bas-Rhin, comme dans toutes les autres parties du royaume.

Et néanmoins , prenant en confidération la bienveillance & l'amitié qui, depuis fi longtems uniffent intimement la nation françaife aux princes d'Allemagne, poffeffeurs de biens dans lefdits départemens, décrete :

Que le roi fera prié de faire négocier avec lefdits princes, une détermination amiable des indemnités qui leurs feront accordées pour raifon des feigneuriaux & féodaux fupprimés par lefdits décrets, & même l'acquifition defdits biens, en comprenant dans leur évaluation les droits feigneuriaux

gneuriaux & féodaux qui exiſtoient à l'époque
de la réunion de la ci-devant province d'Alſace
au royaume de France, pour être, ſur le réſultat de ces négociations, délibéré par l'aſſemblée
nationale, dans la forme du décret conſtitution-
nel du 22 mai dernier.

L O I

*Du 19 novembre 1790, ſur le décret du 12 du
même mois.*

LOUIS, &c. L'aſſemblée nationale, voulant
faire ceſſer les doutes qui ſe ſont élevés ſur l'exécution des articles XIX, XX, XXXVIII &
XLII du décret du 3 mai dernier, décrete ce
qui ſuit :

Les offres qui ſeront faites en exécution des
articles XIX, XX & XXXVIII du décret du
3 mai dernier, ſeront valables, encore que la
ſomme y portée ſe trouve par le réſultat de
l'eſtimation des experts, inférieure au montant
de ladite eſtimation, pourvu que les offres ayent
été faites avec la clauſe, *ſauf à parfaire.* Et les
ventes qui auront été faites après de pareilles
offres faites dans le cours de deux années, à compter du jour de la publication du décret du 3 mai,
jouiront du bénéfice de l'exemption portée en
l'article XLII dudit décret ; il en ſera de même
à l'égard des offres qui ont été précédemment
faites, encore qu'elles n'ayent point été faites
avec la clauſe, *ſauf à parfaire.* Mais ceux qui
auront fait des offres prouvées par l'événement

Code Féodal. I

de l'eſtimation inſuffiſantes , ne jouiront du bénéfice du préſent décret, qu'à la charge , 1°. de
ſupporter les frais de l'expertiſe ; 2°. d'effectuer
le paiement réel, tant de la totalité de la ſomme
à laquelle le rachat aura été liquidé , que des
frais de l'expertiſe , dans le mois du jour de
l'acte qui aura liquidé le montant du rachat ou
de la ſignification du jugement en dernier reſſort , ou paſſé en force jugée, qui aura fait la
derniere liquidation.

L O I

Du 19 novembre 1790.

*Sur le décret du 12 du même mois , qui regle la
forme des oppoſitions que les propriétaires des ci-
devant fiefs , & leurs créanciers , ſont autoriſés à
faire au rembourſement des rachats qui leur ſont
offerts.*

LOUIS , &c. « l'aſſemblée nationale , inſtruite
que des particuliers, par une fauſſe interprétation des
articles 47 & 48 de ſon décret du 3 mai 2790 ,
concernant les droits féodaux rachetables , qui au-
toriſent les propriétaires des ci-devant fiefs qui
ont ſous leur mouvance d'autres ci-devant fiefs ,
& les créanciers des propriétaires deſdits ci-devant fiefs , à former une ſeule oppoſition générale au rembourſement des rachats offerts auxdits propriétaires, ſe diſpenſent de déclarer par
leur oppoſition , les noms de famille, les qualités
& demeure deſdits propriétaires de fiefs , décrete
ce qui ſuit :

» Les propriétaires de fiefs ayant sous leur mouvance d'autres fiefs, & les créanciers des propriétaires des ci-devant fiefs, qui sont autorisés par les articles 47 & 48 du décret du 3 mai dernier, à former une seule opposition générale au remboursement des rachats offerts aux propriétaires desdits ci-devant fiefs, seront tenus ; savoir, les propriétaires des ci-devant fiefs, de déclarer par leur opposition, les noms des fiefs mouvans d'eux, & les noms de famille, qualités & demeure des propriétaires desdits ci-devant fiefs, & les créanciers, les noms de famille, qualités & demeure seulemement des propriétaires des ci-devant fiefs, sur lesquels ils formeront une opposition, avec déclaration que l'opposition est formée à tout remboursement qui pourroit être fait à la personne dénommée, de droits seigneuriaux dépendans des fiefs à elle appartenant, situés dans l'arrondissement du greffe, le tout à peine de nullité desdites oppositions, & d'être déchus de tous recours contre les conservateurs des hypothèques, & contre les greffiers des siéges dans les pays où l'édit du mois de juin 1771 n'a pas d'exécution.

» Les propriétaires des ci-devant fiefs ou créanciers qui auront formé des oppositions qui ne contiendroient point les déclarations ci-dessus, seront tenus de les renouveller.

Lesdites oppositions seront enregistrées *gratis*, en justifiant de celles formées précédemment ».

LOI

Du 19 novembre 1790.

Sur le décret du 14 du même mois, qui regle la forme de la liquidation des rachats offeris aux adminiftrateurs des biens nationauu.

LOUIS, &c. « L'affemblée nationale, confidérant qu'en ordonnant par l'article 7 de fon décret du 3 mai, que les adminiftrateurs des biens appartenans aux mineurs, interdits & autres propriétaires défignés dans ledit article, de ne liquider les rachats offerts aux perfonnes qui font fous leur adminiftration, qu'en la forme & au taux prefcrit par le même décret, & qu'en affujettiffant à la même règle les adminiftrateurs des biens nationaux défignés dans les articles III, IV, V & VI de fon décret du 3 juillet, elle n'a point entendu affujettir indifpenfablement tous les adminiftrateurs à la néceffité de ne pouvoir liquider les rachats offerts, que d'après une eftimation par experts, même dans les cas indiqués par les articles XVII, XVIII & XXXVIII du décret du 3 mai ; que la néceffité de cette forme deviendroit très-onéreufe à la nation ou aux particulers propriéraires, fi les adminiftrateurs en queftion, dans la crainte de voir leurs opérations attaquées, fe croyoient toujours obligés de recourir à l'eftimation par experts, ou fi les directoires de département obligeoient toujours les administrateurs des biens nationaux à soutenir leur liquidation de cette estimation par experts, dont les frais retomberoient souvent sur les propriétaires ou sur la nation ; considérant qu'il suffit pour les intérêts des propriétaires soumis à une administration , & ceux de la nation , que les administrateurs soient obligés de faire leurs liquidations d'une maniere détaillée, & expliquant sur chaque article le mode & le taux de l'opération ; que les administrateurs des biens particuliers, pour se mettre à l'abri de toutes recherches, peuvent faire autoriser leurs liquidations par un avis de parens , moins coûteux que les estimations par experts ; que les assemblées de district & de département, ou leurs directoires, chargés de surveiller les opérations des administrateurs nationaux, pourront facilement juger la régularité de ces opérations, tant d'après la forme qui leur a été & qui va leur être prescrite, que d'après les renseignemens qu'ils pourront se procurer, soit de la part des districts, soit de la part des municipalités ; & qu'ils doivent réserver la forme rigoureuse de l'estimation pour les cas où il leur paroîtroit impossible de juger autrement la régularité des liquidations, décrete ce qui suit :

« Art. I. Les tuteurs , curateurs & autres administrateurs des personnes dénommées dans l'article VII du décret du 3 mai, pourront , même dans les cas prévus par les articles XVII, XVIII & XXXVIII dudit décret, consommer à l'amiable la liquidation des rachats qui leur seront of-

ferts, à la charge que lefdites liquidations feront
faites par chapitres féparés des droits fixes & annuels & des droits cafuels, & auffi fous chacun defdits chapitres par article féparés pour chacune des diverfes redevances annuelles, & pour
chacune des diverfes natures de droits cafuels
lefquels articles expliqueront par détail la quotité & nature de chaque redevance, la quotité
& nature des divers objets, compofant le domaine racheté, les bafes de l'évaluation du rachat, & en indiqueront la conformité avec le
mode & le taux prefcrits par le décret du 3
mai ; pourront en outre les adminiftrateurs qui
voudront fe mettre à l'abri de toutes recherches
perfonnelles de la part de ceux foumis à leur
adminiftration, faire approuver les liquidations
qu'ils auront ainfi faites par un avis de parens.

Sera au furplus l'article XX du décret du 3
mai, exécuté quant aux frais de l'eftimation,
dans le cas où elle fera devenue néceffaire, foit
parce que la liquidation n'aura pas pu fe con-
fommer à l'amiable, foit parce que l'avis de parens
l'aura exigé.

» II. Pourront pareillement les adminiftrateurs
des biens nationaux qui ont été autorifés par le
décret du 3 juillet, ou qui pourroient l'être par
la fuite à liquider le rachat des droits dépendans
des biens nationaux, procéder auxdites liquidations à l'amiable, à la charge de les faire en la
forme & avec les détails prefcrits par l'article
précédent, & de les faire verifier & approuver
par les directoires des affemblées adminiftratives,

conformément à ce qui leur eſt preſcrit par le décret du 3 juillet, ſans préjudice aux aſſemblées adminiſtratives de pouvoir, avant d'accorder leur *viſa*, exiger une eſtimation préalable par experts, du tout ou de partie des objets à liquider, dans les cas ſeulement où elles jugeroient ne pouvoir pas apprécier autrement la régularité deſdites liquidations ; auxquels cas la diſpoſition de l'article XX du décret du 3 mai, ſera exécuté ſelon ſa forme & teneur, quant aux frais de l'eſtimation.

L O I

Du 19 novembre 1790,

Sur le décret du 14 du même mois, contenant des articles additionnels au décret du 3 mai 1790, concernant les droits féodaux rachetables.

LOUIS, &c. « L'aſſemblée nationale, conſidérant que les diſpoſitions de l'article 3 du décret du 3 mai, & de l'article 10 du décret du 19 ſeptembre, n'ont eu pour objet que de conſerver les droits légitimes des ci-devant propriétaires de fiefs, leſquels peuvent ſe départir volontairement de ce qui n'a été ordonné que pour leur intérêt ; & voulant traiter favorablement ceux qui poſſedent des fonds ſous l'ancien régime féodal ou cenſuel dans la mouvance des biens nationaux ci-devant fiefs, décrete que ceux qui poſſedent des fonds mouvans en

fiefs ou en cenſive des biens nationaux, pourront
être admis à racheter diviſément, ſoit les droits
caſuels, ſoit les cens & redevances annuelles &
fixes; la même faculté aura lieu vis-à-vis de ceux
qui ont acquis ou qui acquerront des cens &
redevances ci-devant ſeigneuriales, & droits caſuels provenans de biens nationaux.

» Ceux qui voudront racheter leſdits droits
caſuels ou cens & redevances ſeigneuriales, en
faiſant leurs ſoumiſſions au directoire de diſtrict
ou de département, jouiront du délai accordé aux
acquéreurs de pareils droits, par le décret du 3
de ce mois ».

L O I

Du 20 avril 1791, sur le décret du 13 du même mois, concernant l'abolition de plusieurs droits seigneuriaux, notamment de ceux qui étoient cidevant annexés à la justice seigneuriale, & le mode de rachat de ceux qui ont été précédemment déclarés rachetables.

LOUIS, &c. « L'assemblée nationale, s'étant réservé par l'article 39 du titre II de son décret du 15 mars 1790, de prononcer sur les droits ci-devant annexés à la justice seigneuriale, & voulant faire cesser plusieurs difficultés relatives, tant à l'abolition du régime féodal, qu'au mode du rachat des droits ci-devant féodaux non supprimés, décrete ce qui suit :

Titre Premier.

Des droits de justice, de plusieurs autres droits seigneuriaux, & diverses effets de l'abolition, tant du régime féodal, que des justices seigneuriales.

» Art. I. Le droit seigneurial connu dans la ci-devant province de Lorraine sous le nom de *droit de troupeau à part*, est aboli, à compter du jour de la publication des lettres-patentes du 3 novembre 1789, intervenues sur les décrets des 4, 6, 7, 8 & 11 août précédent ; sauf aux ci-devant seigneurs à user du pâturage dans les ter-

Code Féodal. K

ritoires où ils ont des habitations ou des propriétés foncieres, en se conformant aux mêmes regles que les autres habitans & propriétaires, & sans rien innover quant à présent aux réglemens & usages des différens lieux, relativement à la faculté laissée, ou à la défense faite à ceux-ci de faire garder leurs troupeaux par un berger ou pâtre particulier.

» II. En conséquence, les particuliers qui, dans la ci-devant province de Lorraine, ont été, par le décret du 9 mai 1790, maintenus provisoirement dans la jouissance des baux du droit de troupeau à part, à eux accordé par des ci-devant seigneurs, ne pourront payer qu'entre les mains des tréforiers des municipalités, dont les droits ont été réservés par ce décret, les portions de leurs fermages qui sont échues depuis sa publication.

» 3. Quant aux portions desdits fermages qui étoient échues dans l'intervalle de la publication des lettres-patentes du 3 novembre 1789, à celle du décret du 9 mai 1790, les fermiers qui les doivent encore, les paieront pareillement auxdites municipalités; mais ils ne pourront être inquiétés pour celles qu'ils auront payées entre les mains des ci-devant seigneurs, sauf aux municipalités à en poursuivre la restitution contre ceux-ci; sans néanmoins que, sous pretexte, soit du présent article, soit du précédent, il puisse être formé aucune répétition contre ceux des ci-devant seigneurs qui ont joui en nature du droit de troupeau à part depuis la publication des lettres-patentes du 3 novembre 1789.

» 4. Dans le cas où les ci-devant seigneurs auroient affermé le droit de troupeau à part, conjointement avec d'autres biens ou d'autres droits non abolis par les décrets de l'assemblée nationale, sans distinction de prix, il sera procédé à une ventilation à l'amiable ou par experts, pour déterminer les sommes que les fermiers auront à payer aux communautés pour le droit de troupeau à part, & celles qu'ils auront à payer aux ci-devant seigneurs pour les autres biens ou droits; toutes poursuites contre lesdits fermiers demeurant en état jusqu'à ce que ladite ventilation soit faite & arrêtée définitivement.

» 5. Les dispositions des quatre articles ci-dessus, sont communes à la ci-devant province du Barrois, au pays Messin, & à tous autres pays & lieux où, jusqu'à l'époque de la suppression du régime féodal, le droit de troupeau à part, & tous autres droits de même nature, sous quelque dénomination qu'ils soient connus, ont été considérés comme seigneuriaux.

» 6. Sont néanmoins exceptés desdites dispositions, tant dans la ci-devant province de Lorraine, que par tout ailleurs, les territoires où il sera prouvé, dans la forme déterminée par l'article 19 du titre 2 du décret du 15 mars 1790, que le droit de troupeau à part a eu pour cause une concession de fonds en propriété ou à titre d'usage, faite par le ci-devant seigneur à la communauté des habitans ; ce qui aura pareillement lieu lorsqu'il sera prouvé, dans ladite forme, qu'il a eu pour cause une remise de droits de la nature de ceux que les décrets de l'assemblée nationale ont maintenus jusqu'au rachat ; & dans ce dernier cas, il sera rachetable au taux & selon le mode réglés par le décret du 3 mai 1790.

» 7. Les droits de déshérence, d'aubaine, de bâtardise, d'épave, de vareh, de trésor trouvé, & celui de s'approprier es terres vaines & vagues ou gastes, landes, biens hermes ou vacans, garrigues, ltégards ou wareschais, n'auront plus lieu en faveur des ci-devant seigneurs, à compter pareillement de la publication des décrets du 4 août 1789 ; les ci-devant seigneurs demeurant, depuis cette époque, déchargés de l'entretien des Enfans-Trouvés.

» 8 Et néanmoins, les terres vaines & vagues ou gastes, landes, biens hermes ou vacans, garrigues, flégards ou wareschais, dont les ci-devant seigneurs ont pris publiquement possession avant la publication du décret du 4 août 1789, en vertu des loix, coutumes, statuts ou usages locaux lors existans, leur demeurent irrévocablement acquis, sous les réserves ci-après.

» 9. Les ci-devant seigneurs justiciers seront censés avoir pris publiquement possession desdits terreins à l'époque désignée par l'article précédent, lorsqu'avant cette époque, ils les auront, soit inféodés, accensés ou arrentés soit clos de murs, de haies ou de fossés, soit cultivés ou fait cultiver, plantés ou fait planter, soit mis à profit de toute autre manière, pourvu qu'elle ait été exclusive & à titre de propriété ; à l'égard des biens abandonnés par les anciens propriétaires, lorsqu'ils auront fait les publications, & rempli les formalités requises par les coutumes pour la prise de possession de ces sortes de biens.

» 10. Il n'est préjudicié par les deux articles précédens, à aucun des droits de propriété ou d'usage que les communautés d'habitans peuvent avoir sur les terreins y mentionnés, & toutes actions leur demeurent réservées à cet égard. L'assemblée nationale charge ses comités de constitution, des domaines & d'agriculture, de lui présenter incessamment leurs vues sur la nature des preuves d'après lesquelles doivent être fixés ces droits.

» 11. Sont également réservés sur lesdits terreins, tous les droits de propriété & autres qui peuvent appartenir, soit à des ci-devant seigneurs de fiefs, en vertu de titres indépendans de la justice seigneuriale, soit à tous autres particuliers.

» 12. Tout ci-devant seigneur qui justifiera tout-à-la-fois qu'à une époque remontant au-delà de 40 ans avant la publication des décrets du 4 août 1789, il a planté ou fait planter, & que depuis il a possédé des arbres dans des marais, prés ou autres biens appartenans à une communauté d'habitans, conservera la propriété & libre disposition de ces arbres, sauf à cette communauté à les racheter sur le pied de leur valeur actuelle, à la forme du décret du 26 juillet 1790 ; ce qui aura pareillement lieu à l'égard des arbres plantés & possédés par le ci-devant seigneur depuis un espace de tems au-dessous de 40 ans, par remplacement d'arbres qu'il justifiera avoir été antérieurement à 40 ans, plantés & tout-à-la-fois possédés par lui ou ses auteurs.

» 13. Quant aux arbres plantés par un ci-devant feigneur fur des biens communaux depuis un efpace de tems au-deffous de 40 ans, fans qu'ils l'ayent été par remplacement, ainfi qu'il vient d'être dit, ils appartiennent à la communauté, en rembourfant par elle les frais de plantations : & à la charge de fe conformer à l'article 10 du décret du 26 juillet 1790.

» 14. Sont abolies fans indemnité, fauf le cas où il feroit prouvé de la manière énoncée dans l'article VI ci-deffus, qu'elles ont eu pour caufe des conceffions de fonds, ou des remifes de droits déclarés rachetables, les redevances connues fous le nom de *blairie*, & généralement toutes celles que les ci-devant feigneurs jufticiers fe faifoient payer pour raifon de la vaine pâture, enfemble le droit qu'ils s'étoient attribué en certains lieux, d'admettre les forains à la jouiffance de ladite vaine pâture dans l'étendue de leurs juftice.

» 15. Les redevances connues fous le nom de *mefferie*, ou fous tous autres, que les ci-devant feigneurs jufticiers exigoient en certains lieux, pour la faculté par eux accordée aux habitans de faire garder les fruits de leurs terres, font également abolies fans indemnité.

» 16. Sont auffi abolis fans indemnité les droits de rut du bâton, de courfe fur les beftiaux dans les terres vagues, de carnal, de vétée, de vif-herbage, de mort-herbage, ainfi que les redevances & fervitudes qui en feroient répréfentatives, & généralement tous les droits, même maritimes, ci-devant dépendans de la juftice feigneuriale.

» 17. Les suppreſſions prononcées par les trois articles précédens, auront leur effet à compter de la publication des décrets du 4 août 1789.

» 18. Tous les droits honorifiques, & toutes les diſtinctions ci-devant attachées tant à la qualité de ſeigneur juſticier, qu'à celle de patron, devant ceſſer reſpectivement par la ſuppreſſion des juſtices ſeigneuriales, prononcée le 4 août 1789, & par la conſtitution civile du clergé, décrétée le 12 juillet 1790; les ci-devant ſeigneurs-juſticiers & patrons feront tenus, dans les deux mois de la publication du préſent décret, & chacun en ce qui le concerne, 1°. de faire retirer des chœurs des égliſes & chapelles publiques, les bancs ci-devant patronaux & ſeigneuriaux qui peuvent s'y trouver; 2°. de faire ſupprimer les litres & ceintures funèbres, tant à l'intérieur qu'à l'extérieur des égliſes & des chapelles publiques; 3°. de faire démolir les fourches patibulaires & piloris ci-devant érigés à titre de juſtice ſeigneuriale.

» 19. Dans la huitaine qui ſuivra l'expiration du délai de deux mois indiqué par l'article précédent, le maire de chaque municipalité ſera tenu de donner avis au commiſſaire du roi du tribunal de diſtrict, de l'exécution ou non-exécution du contenu audit article; & en cas de non-exécution, le commiſſaire du roi ſera tenu de requérir dans la huitaine ſuivante, une ordonnance du tribunal pour autoriſer la municipalité à effectuer les ſuppreſſions & démolitions ci-deſſus preſcrites, & ce, aux frais de la commune qui demeurera propriétaire des matériaux en provenans.

» 20. Les difpofitions des deux articles précédens, relatives aux bancs placés dans les chœurs par les ci-devant feigneurs-jufticiers & patrons, font communes aux bancs qui ont pu être placés dans les nefs & chapelles collatérales, par droit de fief, de juftice feigneuriale, de patronage, ou par tout autre privilége; fauf aux ci-devant feigneurs, patrons on privilégiés, à fuivre les anciens règlemens & ufages concernant les bancs occupés par des particuliers, '& auxquels il n'eft rien innové quant à préfent.

» 21. Le droit feigneurial & exclufif d'avoir des girouettes fur les maifons, eft aboli, & il eft libre à chacun d'en placer à fon gré & dans telle forme qu'il jugera à propos.

» 22. Pourront, à l'avenir, s'intenter par fimples requêtes & s'inftruire comme procès ordinaires, toutes les actions ci-devans fujettes aux formalités d'ajour, clain, plainte à loi, plainte propriétaire, & autres tenantes au fyftême féodal, fans que dans les lieux où ces formalités étoient indifpenfables pour pouvoir agir en juftice dans les matieres pour lefquelles elles avoient été introduites, les défendeurs puiffent exciper d'aucune prefcription acquife depuïs la ceffation abfolue des fonctions des officiers des juftices feigneuriales, opérée par l'inftallation des tribunaux de diftrict, jufqu'à la publication du préfent décret, & fans préjudice des faifies, qui continueront d'être autorifés dans les cas de droit ou indiqués par les coutumes.

» 23. Provifoirement & jufqu'à ce qu'il en ait été autrement ordonné, les confignations qui,

dans

dans quelques coutumes, devoient, en certains cas, s'effectuer entre les mains des ci-devant Mayeurs, Baillis, ou autres officiers seigneuriaux, se feront à l'avenir, sans frais, aux greffes des tribunaux de district.

» 24. Sont abolies, à compter du jour où ont été installés les tribunaux de district, toutes les loix & coutumes qui, pour la validité, même intrinsèque, des donations & des testamens, les soumettent à la nécessité d'être passés, ou recordés, ou reconnus, ou réalisés, soit avant, soit dans un certain délai après la mort des donateurs ou testateurs, en présence d'echevins, hommes de fiefs, jurés de castel, ou autres officiers seigneuriaux; & dans les pays soumis auxdites loix ou coutumes, il suffit pour la validité de ces actes, à compter de l'époque ci-dessus, qu'il ayent été ou soient passés pardevant deux notaires, ou un notaire & deux témoins, ou même à l'égard des testamens, en forme olographe; sans préjudice, quant à présent, de l'exécution du statut Delphinal, ou autres loix semblables, concernant les formalités des donations entre-vifs, pour lesquelles le juge de paix sera subrogé à l'officier seigneurial, & sans que le défaut de la transcription au greffe, substituée par l'article 3 du décret des 17 & 19 septembre 1790, aux désaisines, saisines, déshéritances, adhéritances, reconnoissances échevinales, & autres formalités de cette nature, puisse, dans aucun des ci-devant pays de nantissement, être opposé aux donataires ou légataires par les héritiers des donateurs ou testateurs, ni empêcher,

Code Féodal.   L

foit qu'un teftament ait fon effet à l'égard des immeubles dont le teftateur n'auroit pas ordonné, ou le légataire pourfuivi la vente dans le délai fixé par les coutumes, foit qu'un créancier, muni d'un titre exécutoire, faffe décréter & vendre les biens-fonds de fon débiteur.

» 25. Sont pareillement abolies, à compter de l'époque fixée par l'article précédent, toutes les lois & coutumes qui exigeoient, pour la validité de certains actes ou exploits, la préfence ou l'intervention d'aucuns des officiers ci-deffus défignés ; & il fuffit, pour la validité de ces actes ou exploits, qu'ils foient faits par des notaires ou des huiffiers, fuivant les diftinctions & les règles établies par le droit commun du royaume.

» 26. Tous actes de défaifine, faifine, defhéritance, adhéritance, & autres, attribués par les anciennes lois au miniftère exclufif des officiers feigneuriaux qui, dans l'intervalle de la publication des décrets du 4 août 1789, à celle du décret des 17 & 19 Septembre 1790, auront été faits en préfence des officiers des nouvelles municipalités, auront le même effet que s'ils l'avoient été en préfence des anciens échevins, ou autres officiers des juftices feigneuriales.

» 27. Auront également le même effet que s'ils étoient émanés des juftices feigneuriales ou ordinaires, tous les jugemens rendus, & actes de jurifdiction, faits jufqu'à l'inftallation des tribunaux de diftrict, par ceux des officiers-municipaux des ci-devant provinces Belgiques,

qu'on pourroit prétendre n'y avoir pas été autoriſés par le décret du 29 décembre 1789.

» 28. Sont pareillement validées, à compter
de leurs dates reſpectives, toutes les tranſcriptions de contrats ou autres actes qui, dans les
ci-devant pays de nantiſſement, ont pu être fais
aux greffiers des tribunaux de diſtrict, en conformité de l'art. 3 du décret des 17 & 19 ſeptembre 1790, antérieurement à la publication
officielle de cette loi.

» 29. Il ne pourra être exigé, dans le cas
des tranſcriptions ci-deſſus, ni pour toute autre formalité qui pourroient y être ſubſtituée
par la ſuite, aucun des droits de lods, quint,
demi-quint, éterlin & autres, que les ci-devant
ſeigneurs ou leurs officiers, percevoient pour les
hypothèques conſtituées par déſaiſine, ſaiſine,
deshéritance, adhéritance, rapport, miſe de fait
ou main-aſſiſe.

» 30. Leſdites tranſcriptions ne ſont nullement néceſſaires pour tranſmettre la propriété
des biens nationaux, ſoit aux particuliers qui
s'en rendent directement adjudicataires, ſoit à
ceux qu'ils déclarent leurs commands, d'après
la réſerve faite, lors des adjudications.

» 31. A l'avenir, la réunion ou conſolidation des biens cenſuels au fief dont ils étoient
tenus, ou de ce fief à celui dont il étoit mouvant, ne produira aucun droit ou profit en faveur du ci-devant ſeigneur du fief dominant,
& n'augmentera dans aucun cas, le prix du rachat du fief ſervant, ſur lequel le propriétaire
du fief dominant ne pourra exercer que les mêmes

droits qui lui appartenoient avant ladite réunion ou confolidation.

» Le régime féodal étant détruit, nul ne peut aliéner tout ou partie d'un fonds à titre d'inféodation ou d'accenfement , & fous ce prétexte , s'exempter des droits auxquels auroit donné lieu l'aliénation faite avant le rachat des droits ci-devant feigneuriaux , dont ce fonds étoit chargé.

» 33. Les droits connus dans le département de Lille & Vilaine, fous le nom de *flef. chéant & levant*, & généralement tous les droits ci-devant féodaux fixes ou cafuels, non fupprimés fans indemnité, qui, fous le régime féodal , augmentoient ou diminuoient, fuivant le nombre des poffeffeurs des fonds y fujets, demeureront, jufqu'au rachat, fixés invariablement au taux auquel ils étoient exigibles, fuivant leur nature particulière', lors de la publication des lettres-patentes du 3 novembre 1789, intervenues fur les décrets du 4 août précédent ; & ceux des redevables defdits droits qui étoient, à cette époque, dans le cas d'en obtenir l'abattue ou réduction , en rempliffant certaines formalités requifes, par l'ufement du ci-devant fief, jouiront du bénéfice de cette réduction ou abattue , comme s'ils avoient, avant ladite époque, satisfait à ces formalités.

» 34. Tous procès intentés, relativement à des droits abolis fans indemnité par le préfent décret , & non décidés par jugement en dernier reffort avant les époques ci - deffus fixées pour l'abolition de ces droits, ne pourront être jugés que pour les frais de procédures faites, & les arrérages échus antérieurement à ces époques.

» 35. Sont communes au préfent décret, les difpofitions des articles 36, 37 & 38 de celui du 15 mars 1790.

Titre II.

Du mode du rachat des droits féodaux non fupprimés.

» Art. 1. Tout propriétaire d'un ci-devant fief, lequel ne confiftera qu'en domaines corporels, tels que maifons, terres, prés, bois, & autres de même natute, pourra racheter divifément les droits cafuels dont il eft grevé, pour telle portion qu'il jugera à propos, pourvu qu'il rachète en même-tems la totalité des redevances fixes & annuelles dont fon fief pourroit être grevé, fans préjudice de l'exception portée au décret du 14 novembre 1790, relativement aux fiefs mouvans de biens nationaux.

» 2. Il en fera ufé de même à l'égard des ci-devant fiefs qui ont fous eux des fonds tenus en fiefs ou en cenfives, ou roturièrement, lorfque lefdites mouvances aurout été inféodées par le propriétaire du fief fupérieur, ou lorfque lefdits fiefs feront fitués dans des pays où le fupérieur ne conferve aucun droit utile immédiat fur les objets qui ont été fous-inféodés ou accenfés par le propriétaire du fief inférieur, encore que le jeu de fief n'ait point été approuvé ou reconnu par le feigneur fupérieur.

» 3. Lorsqu'il dépendra du fief des mouvances qui n'auront point été inféodées par le ci-
devant seigneur supérieur, & lorsque ce fief sera
situé dans l'un dés pays où le fief ne peut porter préjudice à ce ci-devant seigneur supérieur,
le propriétaire du fief inférieur ne pourra racheter partiellement les droits casuels sur les
domaines qui font restés dans sa main,
que jusqu'à concurrence de la portion dont
la loi qui régit le fief lui avoit permis de
se jouer, en comprenant dans ce calcul les portions déjà par lui accensées ou inféodées ; en
telle sorte qu'il reste toujours dans sa main la
portion entière que la loi l'auroit obligé de
réserver ; si mieux il n'aime racheter préalablement les droits casuels à raison de la totalité
des mouvances non inféodées dépendantes de
son fief ; auquel cas, & aprés avoir effectué
ledit rachat, il pourra racheter librement & partiellement le surplus de son fief, & pour telle
portion qu'il jugera à propos.

» 4. Dans le même cas où les mouvances
ne seront point inféodées, & où le fief sera situé dans l'un des pays où les jeux de fief ne
peuvent point porter préjudice au seigneur supérieur, si d'ailleurs le fief est régi par l'une
des coutumes qui ne permettent point le jeu
de fief à prix d'argent, mais seulement par bail
à cens ou à rente, le propriétaire de ce fief pourra
néanmoins vendre à prix d'argent, telle portion
des fonds qui font restés en sa main, & en racheter partiellement les droits casuels, pourvu
que les portions qu'il rachetera ou vendra, n'ex-

cèdent point les deux tiers du fief, en comprenant dans ces deux tiers, les fonds déjà sous-inféodés ou accensés, si mieux il n'aime racheter, préalablement, les droits casuels, à raison de la totalité des mouvances non inféodées; auquel cas, & après avoir effectué ledit rachat, il pourra racheter librement & partiellement le surplus de son fief pour telle portion qu'il jugera à propos.

» 5. Si les fiefs d'où dépendent des mouvances non inféodées, sont situés dans des pays où il n'existoit aucune loi positive sur la liberté du jeu de fief, la faculté du rachat partiel se réglera par les mêmes principes que l'usage y avoit adoptés relativement au jeu de fief. En conséquence, dans ceux desdits pays où le jeu de fief n'étoit autorisé que jusqu'à concurrence d'une certaine quotité, le rachat partiel s'opérera conformément à ce qui est prescrit par l'article 3 ci-dessus. Dans ceux où le jeu de fief n'étoit admis que par bail à cens & rente de rachat partiel, il s'opérera conformément à ce qui est prescrit par l'article 4 ci-dessus. Enfin, dans ceux où le jeu de fief étoit autorisé indéfiniment, tant par rachat de la quotité, que quant au mode, le rachat partiel pourra s'y faire librement, pour telle portion que le propriétaire jugera à propos.

» Le rachat partiel, dans les cas autorisés par les articles 3, 4 & 5, ci-dessus, ne pourra avoir lieu que sous la condition de racheter en même tems la totalité des redevances fixes & annuelles dont le fief pourroit se trouver chargé, sans préjudice de l'exception portée au décret du 14 Novembre 1790, relativement aux fonds, mouvans des biens nationaux.

» 7. A l'égard des fonds ci-devant mouvans d'un fief en censive ou roturièrement, tout propriétaire d'iceux en pourra racheter partiellement les droits casuels, à raison de telle portion desdits fonds qu'il jugera à propos, sous la seule condition de racheter en même-tems la totalité des redevances fixes, annuelles ou solidaires dont se trouvera chargé le fonds sur lequel le propriétaire voudra racheter partiellement les droits casuels, sans préjudice de l'exception portée au décret du 14 novembre 1790, relativement aux fonds mouvans des biens nationaux.

» 8. Lorsqu'il s'agira de liquider un rachat des droits casuels dûs, à raison des mouvances dépendantes du ci-devant fief, & dont le rachat n'aura point été fait par le propriétaire ou les propriétaires des fonds tenus sous ces mouvances, & dans le cas où lesdites mouvances auront été inféodées, ou seront dépendantes d'un fief situé dans un pays où le jeu de fief portoit préjudice au seigneur supérieur, il y sera procédé ainsi qu'il suit :

Il sera fait d'abord une évaluation de la somme qui seroit due par le propriétaire ou par les propriétaires desdits fonds, selon qu'ils seront tenus en fief ou en censive, & conformément aux règles prescrites par le décret du 3 Mai 1790 ; & la somme qui résultera de cette première opération, formera la valeur de la propriété de ces mouvances.

» I

» Il fera enfuite procédé conformément aux règles prefcrites par le décret du 3 mai 1790, & felon la nature & la quotité des droits dont fe trouvera chargé le fief dont dépendront ces mouvances, à une feconde évaluation du rachat dû par le propriétaire de ces mouvances, eu égard à la valeur que leur aura donnée la première opération, & de la même manière que s'il s'agiffoit de liquider un rachat fur fief corporel, de la même valeur.

» 9. Si les mouvances, à raifon defquelles on voudra fe racheter, n'ont point été inféodées, ou dépendent d'un fief fitué dans un pays où le jeu de fief ne peut point porter préjudice au feigneur, audit cas, le rachat en fera liquidé ainfi qu'il fuit :

» Il en fera fait d'abord une évaluation des fonds tenus en fief ou en cenfive, eu égard à leur valeur réelle, abftraction faite des charges dont ils font tenus envers le fief dont ils relèvent, & de la même manière que fi la pleine propriété de ces fonds appartenoit encore au propriétaire du fief dont ils relèvent.

» Le rachat des droits cafuels, dûs au propriétaire du fief fupérieur, fera enfuite liquidé conformément aux règles prefcrites par le décret du 3 mai 1790, & felon la nature & la quotité des droits dont eft grevé le fief inférieur, fur la fomme totale qui fera réfultée de la première opération ; en telle forte que le rachat payé, foit égal à celui qui auroit été dû, fi les fonds dont le propriétaire du fief inférieur s'étoit joué, lui appartenoient encore en pleine propriété.

» 10. La disposition de l'article précédent aura egalement lieu dans le cas où la mouvance auroit été précédemment rachetée par le propriétaire ou par les propriétaires des fonds, chargés de cette mouvance, les dispositions des articles 44 & 45 du décret du 3 mai 1790, n'ayant jamais dû recevoir leur application qu'au cas où il s'agissoit de mouvances inféodées.

» 11. Sont & demeurent communes à tout le royaume, les dispositions des anciens règlemens énoncés dans l'article 18 du décret du 3 mai 1790, qui laissent aux communautés d'habitans de quelques-unes des ci-devant provinces la faculté de ne payer pour le rachat des bannalités établies sur elles, soit à prix d'argent soit en paiement d'arrérages par elle dûs pour dettes constituées ou foncières, que les sommes principales qu'elles ont reçues, ou dont la remise leur a été faite, pour l'établissement desdites bannalités.

» 12 Dans les pays & les lieux où les dots sont aliénables du consentement des femmes, si le rachat des droits ci-devant seigneuriaux ou fonciers dûs à une femme mariée, n'est point fait en sa présence ou de son consentement, le mari ne pourra le recevoir qu'en la forme & au taux prescrit par le décret du 3 mai 1790, & à la charge d'en employer le prix. Le redevable qui ne voudra pas demeurer garant du remploi, pourra consigner le prix du rachat, lequel ne pourra être délivré au mari qu'en vertu d'une ordonnance du tribunal de diſtrict, rendue ſur les concluſions du commiſſaire du roi auquel il ſera juſtifié du remploi.

» 13. Dans les pays & les lieux où les mutations par donation, ſoit entre vifs, ſoit teſtamentaires, donnent ouverture aux mêmes profits ſeigneuriaux que les mutations par vente, le rachat du droit dû pour les unes & les autres ne pourra ſe faire qu'en payant les cinq trente ſixièmes de ce droit, outre la quotité réglée par l'article 25 du décret du 3 mai 1790. »

» 14. Les ci-devant ſeigneurs de qui relevoient de biens nationaux grevés envers eux de droits de mutation, ſuivant les diſtinctions établies par l'article XL du décret du 3 mai 1790, recevront immédiatement après les ventes faites en exécution des décrets des 14 mai, 25 juin & 3 novembre ſuivant, & ſur les fonds qui y ſeront deſtinés, le montant du rachat deſdits droits, ſans pouvoir rien prétendre à titre de droits échus en vertu deſdites ventes.

» 15. Ce rachat ſera liquidé d'après les diſpoſitions du décret du 3 mai 1790, & s'il a lieu, d'après celles de l'article XIII ci-deſſus; & les droits qu'il s'agira de racheter ſeront évalués ſur le prix deſdites ventes.

» 16. Tout particulier à qui il ſera dû par la nation un rachat de cette nature, ſera tenu pour en obtenir la liquidation, de remettre ſes mémoires titres & pièces juſtificatives au ſecrétariat du directoire de diſtrict où auront été vendus les biens ci-devant tenus de lui en fief ou cenſive, lequel les fera paſſer avec ſon avis au directoire du département, qui après les avoir vérifié & pris un arrêté en conféquence enverra le tout à la direction générale de liqui-dation.

» 17. Il en fera ufé de même pour parvenir à la liquidation des autres droits ci-devant feigneu-riaux & fonciers, du rachat defquels la nation s'eft chargée par l'article 7 du titre premier du décret du 14 mai 1790 ; & lorfque d'après les règles tracées par le décret du 3 du même mois, il y aura lieu à des expertifes pour fixer le montant de ces droits, les experts feront nommés, favoir, un par le directoire de diftrict qui aura vendu les biens précédemment grevés defdits droits ; un par le particulier à qui fera dû le rachat ; & le tiers expert, s'il en eft befoin, par le directoire du département.

INSTRUCTION fur la manière d'opérer, en con-féquence des articles VIII & IX du titre II du décret ci-deffus.

» ART. ſ8, Lorfque le propriétaire d'un fonds, ci-devant fief, veut racheter les droits cafuels à raifon des mouvances inféodées déper.dantes de fon fief, & dont il n'a pas reçu, lui - même le rachat, il faut faire une double opération.

» Il faut d'abord évaluer la fomme qui lui feroit due à lui-même par le propriétaire, ou par les propriétaires des fonds foumis à fa mou-vance.

» Suppofons le fief B, mouvant du fief A, & qui a fous fa mouvance le fief C.

» Si ce fief C eft évalué 12.000 livres, &

s'il eſt ſujet au douzième pour les mutations par vente, le rachat que ce fief devroit au fief A, à raiſon des mutations par vente, ſera, ſuivant le n°. 7 de l'article XXV du décret du 3 mai 1790, de la moitié du droit, c'eſt-à-dire, de 500 livres.

» Si le fief C, quant aux droits pour les mutations, autres que par vente, eſt dans le cas de l'article XXVIII du décret cité, le rachat dû pour cette ſeconde cauſe, ſera des cinq douzièmes du droit, qui eſt une année du revenu. Suppoſant le revenu de ce fief à 400 l., le douzième ſera de 33 liv. 6. ſous 8 deniers, & les cinq douzièmes ſeront de 166 liv. 13 ſous 4 deniers.

» Réuniſſant enſuite les deux ſommes de 500 livres & de 166 livres 13 ſous 4 d., que le propriétaire du fief B devroit recevoir du propriétaire du fief C, on aura la ſomme totale de 666 liv. 13 ſous 4 deniers, qui formera la valeur de la mouvance du fief B ſur le fief C.

» Pour trouver enſuite la ſomme que le propriétaire devra lui-même au fief A, pour le rachat de cette mouvance, il faudra faire une ſeconde opération.

Suppoſant (comme cela eſt ordinaire) que le fief B eſt tenu envers le fief A, ſous les mêmes charges que le fief C, il en réſultera que B doit à A, la moitié d'un droit de mutation par vente au douzième. Le douzième de 666 liv. 13 ſous 4 deniers, étant 55 livres 10 ſous, le rachat dû pour ce premier droit, ſera de 27 livres 15 ſous.

Quant au droit de relief, arbitrant le revenu de *666* livres 13 fous 4 deniers, à 30 livres par an, dont le fief B doit cinq douzièmes, il en réfultera une fomme de 12 livres 10 sous.

Joignant les deux fommes de 27 livres 15 fous & 12 livres 10 fous, on aura la fomme totale de 40 livres 5 fous, pour le rachat dû par le fief B au fief A, à raifon de fa mouvance féodale fur C.

Si cette mouvance n'eft pas féodale, mais feulement cenfuelle, il ne faudra, dans la première opération, tirer le rachat qu'à raifon des mutations par vente. Suppofant le droit de vente toujours au douzième, on aura toujours 500 livres pour réfultat de la valeur de cette mouvance, & 33 livres 6 sous 8 deniers pour le rachat qui en fera dû par le fief B au fief A; mais on n'aura plus la feconde partie, attendu que le fief B n'aura point de droit de relief fur une fimple cenfive.

Cet exemple fuffit pour indiquer la maniére d'opérer générale, laquelle n_ pourra varier que dans fes réfultats, fuivant les différentes quotités des droits que le fief fervant aura droit de percevoir fur les fonds mouvans de lui, & qu'il devra lui-même à fon fief dominant.

IX. Cet article eft pour le cas où la mouvance qu'il s'agit de racheter, procède d'un jeu de fief qui n'a point été autorifé par le propriétaire du fief fupérieur, ou dépend d'un fief fitué dans un pays où le jeu de fief ne peut point porter préjudice au feigneur.

Ici, l'opération eft toute différente : ce n'eft point la fimple valeur de cette mouvance qu'il faut estimer, & qui doit servir de base à la liquidation du rachat. Le propriétaire du fief inférieur n'ayant pas pu préjudicier à son seigneur par un jeu de fief non autorisé, est réputé avoir conservé le fief dans son intégrité ; en cas de mutation de sa part, il doit les droits, de la même manière que s'il avoit conservé la pleine propriété des fonds qu'il a mis hors sa main, & sur lesquels il n'a réservé que la directe. Le rachat qu'il doit est relatif à la quotité des droits dont il est chargé ; il faut donc liquider le rachat de la même manière que si le fief existoit dans son intégrité.

Soit supposé le fief B composé de 100 arpens, & cédé en cet état par le fief A, dont il est mouvant : B a inféodé à C 50 arpens, & accensé à Jacques & Philippe 20 arpens, en sorte qu'il ne reste entre ses mains que 30 arpens ; mais s'il vend ces 30 arpens, il doit les droits comme s'il possedoit les 100 arpens, & c'est sur ce pied que doitêtre liquidé le rachat.

Supposant les 100 arpent de valeur de cent mille livres & de 3,000 livres de revenu ;

Si le fief B est dans le quatrieme cas de l'article 25 du décret du 3 mai 1790, c'est-à-dire, s'il est sujet au quint en cas de vente, il devra pour le rachat de ce premier droit, cinq treiziemes du quint ou de 20,000 liv. ; c'est-à-dire, 7,652 liv. 5 sous 10 den.

Quant au droit de relief, s'il est dans le cas de l'article 29 du décret du 3 mai 1790, il devra cinq dix-huitiemes de 3,000 liv. ou 833 liv. 6 s. 8 den.

Ainsi le fief devra en total, pour le rachat

des droits cafuels, 8,505 liv. 12 fous 6 den. ; fomme bien différente de celle qu'il auroit due, fi les mouvances euffent été inféodées.

Dans cette feconde hypothefe, la mouvance fur les 50 arpens tenus de lui en fief, n'auroit été évaluée qu'à 4,252 liv. 16 f. 3 den.

Celle fur les 20 arpens tenus en cenfive, qui n'auroient dû leurs lods qu'au douzieme, & point de relief, n'auroit été évaluée qu'à 833 liv· 6 f. 2 den.

Le fief B n'auroit dû, pour le rachat tant des droits de vente que des droits de relief de fa mouvance fur les 50 arpens, qu'environ 383 livres 17 fous 1 den.; & pour le rachat des mêmes droits de fa mouvance fur les 20 arpens tenus en cenfive, qu'environ 147 liv.

Ainfi, dans l'hypothefe où les mouvances euffent été inféodées, le fief B n'auroit dû que,

1°. Pour les 30 arpens tenus en pleine propriété............ 2,555 l. 10 f.

2º Pour les 50 arpens mouvans de lui en fief.......... 383 l. 17 f.

3º. Pour les 20 arpens mouvans de lui en cenfive........ 147 l.

            Total... 3,086 l.   7 f.

Il devra au contraire, ces mouvances n'étant point inféodées, en totalité........ 8,505   12   6

      Différence...... 5,419 l. 5 f. 6 d.

L'opération & la différence des réfultats feront les mêmes, foit qu'il s'agiffe de liquider le rachat d'une mouvance non encore rachetée par le vaffal ou cenfitaire, foit que cette mouvance ait été précédemment rachetée. Mandons, &c.

L O I

Du 30 juin 1790, sur le décret du 26 du même mois, concernant les prés soumis à la vaine pâture.

LOUIS, &c. « L'assemblée nationale, instruite que plusieurs personnes, par une fausse interprétation de ses décrets, prétendent que tous les prés indistinctement doivent être soumis à la vaine pâture, immédiatement après l'enlevement de la premiere herbe, déclare qu'elle n'a rien innové aux dispositions coutumieres, réglemens & usages antérieurs, relatifs à la défense des prés; en conséquence, que tous propriétaires de prés clos, ou qui, sans être clos, étoient ci-devant possedés à deux ou plusieurs herbes, continueront de jouir, conformément aux loix, réglemens & usages observés dans chaque lieu, du droit de couper & récolter les secondes, troisiemes ou quatriemes herbes, ainsi qu'ils ont fait par le passé. Fait défenses à toutes personnes de troubler lesdits propriétaires de prés, dans leur possession & jouissance; le tout sans rien innover aux usages des pays où la vaine pâture n'a pas lieu. Décrete en outre que la lecture du présent décret sera faite au prône dans toutes les paroisses.

Mandons, &c.

L O I

Du 16 septembre 1790, sur le décret du même Code Féodal.

N

*jour, qui renvoie au pouvoir excecutif pour
l'exécution des décrets relatifs au paiement
des droits seigneuriaux qui ne sont pas supprimés sans indemnité.*

LOUIS, &c. « L'assemblée nationale délibé-
rant sur la lettre écrite ce jourd'hui à son président par le ministre du roi, relativement aux
obstacles qu'éprouve dans quelques paroisses la
perception des droits ci-devant seigneuriaux, qui
ne sont pas supprimés sans indemnité, renvoie au
pouvoir exécutif pour l'exécution des décrets de
l'assemblée, sanctionnés par le roi.

Mandons, &c.

L O I

*Du 27 septembre 1790, sur le décret du 19 du
même mois, relative au paiement des poursuites criminelles, les successions des biens ci-devant féodaux ou censuels; les formalités de sai-
sine, déshéritance, &c.... & généralement toutes
celles qui tiennent au nantissement féodal ou
censuel; la forme & le prix de la transcription
des grosses des contrats d'aliénation ou d'hy-
potheque, &c.*

LOUIS, &c. « L'assemblée nationale voulant
faire cesser plusieurs difficultés qui se sont élevées sur l'interprétation & l'exécution de l'article IV de ses décrets des 4, 6, 7, 8 & 11
août 1789, des articles 1 & 13 du titre premier, 23, 30 & 41 du titre II, de son décret

du 15 mars dernier, enfemble de l article II de celui du 3 mai fuivant, décrete ce qui fuit :

» ART. 1. Les frais des pourfuites criminelles faites à la requête des procureurs du roi ou d'office, depuis la publication des lettres-patentes du 3 novembre 1789, intervenues fur les décrets des 4, 6, 7, 8 & 11 août précédent, font à la charge du tréfor public ; en conféquence, les receveurs des domaines continueront provifoirement de fournir les deniers néceffaires auxdites pourfuites, fur les taxes faites aux témoins par les juges, & fur les exécutoires par eux décernés, après néanmoins que les directoires de département les auront vérifiés & vifés dans la même forme que le faifoient ci-devant les commiffaires départis.

» 2. Dans les pays & les lieux où les biens allodiaux font régis, foit en fucceffion, foit en difpofition, foit en toute autre matiere, par des loix ou ftatuts particuliers, les loix ou ftatuts régiffent pareillement les biens ci-devant féodaux ou cenfuels; favoir, pour les fucceffions, à compter de la publication des lettres-patentes du 28 mars dernier, intervenues fur le décret du 15 du même mois ; & pour toute autre matiere, à compter de la publication des lettres-patentes du 3 novembre 1789.

» 3. A compter du jour où les tribunaux du diftrict feront inftallés, dans les pays de nantiffement, les formalités de faifine, défaifine, deshéritance, veft, déveft, reconnoiffance échevinale, mife de fait, affife, main-affife, plainte à loi, & généralement toutes celles qui tiennent

au nantiſſement féodal ou cenſuel, ſeront & demeureront abolies ; & juſqu'à ce qu'il en ait été
autrement ordonné, la tranſcription des groſſes
des contrats d'aliénation ou d'hypothéque en tiendra lieu, & ſuffira en conſéquence pour conſom-
mer les aliénations & les conſtitutions-hypoteques,
ſans préjudice, quant à la maniere d'hypotéquer
les biens, de l'exécution de l'article XXXV,
de l'édit du mois de juin 1771 de la déclaration du 23 juin 1772, dans ceux des pays de
nantiſſement où ces loix ont été publiées.

» 4. Leſdites tranſcriptions ſeront faites par
les greffiers des tribunaux de diſtrict de la ſituation des biens, ſelon l'ordre dans lequel les
groſſes des contrats leur auront été préſentées, &
qui ſera conſtaté par un regiſtre particulier, due-
ment coté & paraphé par le préſident de chacun des tribunaux. Les regiſtres deſtinés à ces
tranſcriptions ſeront pareillement cotés & para-
phés, & les greffiers ſeront tenus de les com-
muniquer ſans frais à tous requérans.

» 5. Il ſera proviſoirement payé aux greffiers
pour leſdites tranſcriptions, cinq ſols par rôle
des groſſes des contrats, y compris le papier,
ſur leſquelles ils certifieront ſous leur ſignature
& le ſcel du tribunal, les jours où elles auront été préſentées au greffe, & tranſcrites avec
indication du regiſtre & du folio où s'en trouvera la tranſcription.

» VI. Les droits domaniaux annuels qui ſe
perçoivent ſur poëles à ſel dans les ci-devant provinces belgiques, ſont & demeurent ſupprimés,
ſans préjudice des arrérages qui pouvoient en

être dus avant la publication des lettres-patentes du 3 novembre 1789, & sans qu'il puisse être répété aucune des sommes fournies, soit en paiement d'échéances postérieures à cette époque, soit pour rachat de ces droits.

» VII. Sont pareillement supprimés les droits établis sur les moulins à bras & à cheval, tant dans les provinces que par-tout ailleurs : & il est sursis à prononcer sur les droits dont les moulins à eau pourroient être grevés, jusqu'au moment où il sera statué, par une loi générale, sur la propriété des rivieres & cours d'eau.

» VIII. Il n'est nullement préjudicié, par l'abolition du triage, aux actions en cantonnement, de la part des propriétaires contre les usagers de bois, prés, marais & terreins vains ou vagues lesquelles continueront d'être exercées comme ci-devant dans les cas de droit, & seront portées aux tribunaux de district, sauf à se conformer pour les ci-devant provinces de Lorraine, des Trois-Évêchés & du Clermontois, à l'article XXXI du titre II du décret du 15 mars dernier.

» IX. Pourront néanmoins être revisés & réformés, s'il y a lieu, par les tribunaux de district, & (à la charge de l'appel ainsi que de droit) les cantonnemens prononcés depuis moins de trente ans par arrêt du conseil, sans qu'au préalable le fond des droits de propriété ou d'usage eût été convenu, ou en cas de contestation, jugé par les tribunaux ordinaires; ensemble tous les arrêts du conseil qui, sans prononcer de cantonnemens, ont statué en premiere instance, depuis la même époque, fur des queftions de propriété ou de droits, entre des feigneurs & des communautés d'habitans ; auquel effet, les parties intéreffées fe pourvoiront dans l'efpace de tems & de la maniere indiqués par l'article XXXI du titre II du décret ci-deffus, fans pouvoir prétendre aucun compte des fruits perçus hors du cas déterminé par le même article.

 » X. Il n'eft porté, par l'article précédent, aucune atteinte aux arrêts du conseil qui n'ont fait qu'homologuer des cantonnemens faits ou confentis dans les formes légales par les parties intéreffées.

 » XI. On ne pourra racheter les droits cafuels dus par un héritage, fans racheter en même-tems les droits fixes auxquels il eft fujet.

    Mandons, &c.

L O I

Du 10 décembre 1790, fur le décret du 29 novembre, qui décharge les ci-devant feigneurs hauts-jufticiers du fort des enfans-trouvés de leur territoire.

LOUIS, &c. « L'affemblée nationale, confidérant que la fuppreffion des droits de juftice a opéré l'extinction des profits & des charges qui y étoient attachés, & qu'il eft de fon devoir & de fon humanité de s'occuper fans délai, à la décharge des ci-devant feigneurs hauts-jufticiers, du fort des enfans qui ont été expofés & abandonnés dans leur territoire, ouï le rapport de fes comités des domaines & de féodalité , décrete ce qui fuit :

» Art. I. Les ci-devant feigneurs hauts-jufticiers font déchargés de l'obligation de nourrir & entretenir les enfans expofés & abandonnés dans leur territoire ; & il fera pourvu provifoirement à la nourriture , & à l'entretien defdits enfans trouvés , dont l'état eft chargé.

» II. Ceux des ci-devant feigneurs hauts-jufticiers qui font actuellement chargés de quelque enfant expofé ou abandonné, en inftruiront par écrit l'adminiftration de l'hôpital ou autre hofpice défigné particulièrement pour ce genre de fecours, lequel fe trouvera être le plus voifin du lieu ou l'enfant eft élevé ; & à compter du jour de cet avertiffement, l'enfant fera à la charge de l'hôpital ou de l'hofpice, qui, s'il n'eft point chargé de ce genre de dépenfe par fon établiffement, pourra le recouvrer fur le tréfor public.

L'affemblée nationale fe réferve de ftatuer fur le nouveau régime qu'il convient d'adopter pour la confervation & l'éducation des enfans trouvés, & elle charge fon comité de mendicité de lui en préfenter le plan.

Mandons, &c.

L O I

Du 12 *décembre* 1790 , *fur le décret du* 6 *du même mois* , *portant que le rachat des droits féodaux fera verfé dans la caiffe de l'extraordinaire.*

LOUIS , &c. L'affemblée nationale décrete ce qui fuit :

» ART. I. (1) Le produit des ventes des domaines nationaux, foit mobiliers, foit immobiliers, les intérêts des obligations donnés en paiement des acquifitions du rachat des droits féodaux, les fommes provenantes des fruits des domaines nationaux, l'évaluation du produit de la dîme à payer par les fermiers des biens nationaux... feront verfés dans la caiffe de l'extraordinaire. Mandons, &c.

LOI

Du 22 décembre 1790, fur le décret du 16 du même mois, relative à la liquidation des droits féodaux & fonciers, & des dîmes inféodées.

LOUIS, &c. « L'affemblée nationale décrete ce qui fuit :

» II. (2). L'objet de la direction générale de liquidation fera de reconnoître, déterminer & liquider.... la valeur des dîmes inféodées aujourd'hui fupprimées.

..... La liquidation des droits ci-devant féodaux & fonciers & autres charges qui fe trouveront dues fur les biens nationaux.

» V.... Le comité d'aliénation furveillera

---

(1) Cet article eft le premier du titre II du décret du 6 décembre, fur l'organifation de la caiffe de l'extraordinaire:

(2) Cet article & les fuivans font partie du décret du 16 décembre, concernant l'établiffement de la direction générale de liquidation.

la liquidation des droits ci-devant féodaux &
fonciers, autres charges existantes sur les biens
nationaux. Mandons, &c.

L O I

*Du　　février 1791 , sur le décret du 23 , relative
au rachat de plusieurs droits seigneuriaux.*

LOUIS, &c. L'assemblée nationale décrete
ce qui suit:

« ART. I. Tout propriétaire d'un ci-devant
fief, lequel ne consistera qu'en domaines corporels, tels que maisons, terres, prés , bois
& autres de même nature, pourra racheter
divisément les droits casuels dont il est grevé,
pour telle portion qu'il jugera à propos, pourvu
qu'il rachete en même tems la totalité des redevances fixes & annuelles dont son fief pourroit être grevé , sans préjudice de l'exception
portée au décret du 14 Novembre, relativement aux fiefs mouvans des biens nationaux.

« II. Il en sera usé de même à l'égard des
ci-devant fiefs qui ont sous eux des fonds tenus en fief ou en censive, ou roturierement ,
lorsque lesdites mouvances auront été inféodées
par le propriétaire du fief supérieur , ou lorsque
lesdits fiefs seront situés dans des pays où le
supérieur ne conserve aucun droit utile immédiat sur les objets qui ont été sous-inféodés ou
accensés par le propriétaire du fief inférieur ,
encore que le jeu de fief n'ait point été approuvé ou reconnu par le seigneur supérieur.

Code Féodal.　　　　　　　　　　O

« III. Lorsqu'il dépendra du fief des mouvances qui n'auront point été inféodées par le ci-devant seigneur supérieur, & lorsque ce fief sera situé dans l'un des pays où le jeu de fief ne peut porter préjudice à ce ci-devant seigneur supérieur, le propriétaire du fief inférieur ne pourra racheter partiellement les droits casuels sur les domaines qui sont restés dans sa main, que jusqu'à concurrence de la portion dont la loi qui régit le fief, lui avoit permis de se jouer, en comprenant dans ce calcul les portions déja par lui accensées ou inféodées ; en telle sorte qu'il reste toujours dans sa main la portion entiere que la loi l'auroit obligé de réserver, si mieux il n'aime racheter préalablement les droits casuels à raison de la totalité des mouvances non inféodées dépendantes de son fief ; auquel cas, & après avoir effectué ledit rachat, il pourra racheter librement & partiellement le surplus de son fief, & pour telle portion qu'il jugera à propos.

« IV. Dans le même cas où les mouvances ne seront point inféodées, & où le fief sera situé dans l'un des pays où les jeux de fief ne portent point préjudice au seigneur supérieur, si d'ailleurs le fief est régi par des coutumes qui ne permettent point le jeu de fief à prix d'argent, mais seulement par bail à cens ou à rente, le propriétaire de ce fief pourra néanmoins vendre à prix d'argent telle portion des fonds qui sont restés en sa main, & en racheter partiellement les droits casuels, pourvu que les portions qu'il rachetera ou vendra, n'ex-

cedent point les deux tiers du fief, en comprenant dans ces deux tiers les fonds déja sous-
inféodés ou accensés, si mieux il n'aime racheter préalablement les droits casuels à raison de
la totalité des mouvances non inféodées ; auquel cas, & après avoir effectué ledit rachat,
il pourra racheter librement & partiellement
le surplus de son fief pour telle portion qu'il
jugera à propos.

« V. Il en sera usé de même que dans l'article précédent, à l'égard des ci-devant fiefs
dont dépendront des mouvances non inféodées,
& qui seront situées dans des pays où les jeux
de fief ne peuvent point porter préjudice au
ci-devant seigneur supérieur, mais où il n'exis-
teroit aucune loi qui restreignît la liberté du
jeu de fief ; & cela nonobstant tout usage ou
jurisprudence particuliere qui se seroient intro-
duits dans lesdits pays.

« VI. Le rachat partiel, dans les cas autorisés par les articles III, IV & V ci-dessus, ne
pourra avoir lieu que sous la condition de racheter en même tems la totalité des redevances
fixes & annuelles dont le fief pourroit se trouver chargé, sans préjudice de l'exception portée
au décret du 24 novembre, relativement aux
fonds mouvans des biens nationaux.

« VII. A l'égard des fonds ci-devant mouvans d'un fief en censive ou roturièrement, tout
propriétaire d'iceux en pourra racheter partiellement les droits casuels à raison de telle portion desdits fonds qu'il jugera à propos, sous
la seule condition de racheter en même tems

la totalité des redevances fixes, annuelles ou solidaires, dont se trouvera chargé le fonds sur lequel le propriétaire voudra racheter partiellement les droits casuels, sans préjudice de l'exception portée au décret du 14 novembre, relativement aux fonds mouvans des biens nationaux.

« VIII. Lorsqu'il s'agira de liquider un rachat des droits casuels, dus à raison des mouvances dépendantes d'un ci-devant fief, & dont le rachat n'aura point été fait par le propriétaire ou les propriétaires des fonds tenus sous ces mouvances ; & dans le cas où lesdites mouvances auront été inféodées, ou feront dépendantes d'un fief situé dans un pays où le jeu de fief porteroit préjudice au seigneur supérieur, il y sera procédé ainsi qu'il suit.

« Il sera fait d'abord une évaluation de la somme qui seroit due par le propriétaire, ou par les propriétaires desdits fonds, selon qu'ils seront tenus en fief ou en censive, & conformément aux regles prescrites par le décret du 3 mai ; & la somme qui résultera de cette premiere opération, formera la valeur de la propriété de ces mouvances.

« Il sera ensuite procédé, conformément aux regles prescrites par le décret du trois mai, & selon la nature & la quotité des droits dont se trouvera chargé le fief dont dépendront ces mouvances, à une seconde évaluation du rachat dû par le propriétaire de ces mouvances, eu égard à la valeur que leur aura donnée la premiere opération, & de la même manière que s'il s'agiſſoit de liquider un rachat ſur un fief corporel de la même valeur.

« IX. Si les mouvances à raiſon deſquelles on voudra ſe racheter, n'ont point été inféodées, ou dépendent d'un fief ſitué dans un pays où le jeu de fief ne peut point porter préjudice au ſeigneur, audit cas, le rachat ſera liquidé ainſi qu'il ſuit:

« Il ſera fait d'abord une évaluation des fonds tenus en fief ou en cenſive, eu égard à leur valeur réelle, abſtraction faite des charges dont ils ſont tenus envers le fief dont ils relevent, & de la même maniere que ſi la pleine propriété de ces fonds appartenoit encore au propriétaire du fief dont ils relevent.

« Le rachat des droits caſuels dus au propriétaire du fief ſupérieur, ſera enſuite liquidé conformément aux regles preſcrites par le décret du 3 mai, & ſelon la nature & la quotité des droits dont eſt grevé le fief inférieur, ſur la ſomme totale qui ſera réſultée de la premiere opération ; en telle ſorte que le rachat payé ſoit égal à celui qui auroit été dû, ſi les fonds dont le propriétaire du fief inférieur s'étoit joue, lui appartenoient encore en pleine propriété.

« X. La diſpoſition de l'article précédent aura également lieu dans les cas où la mouvance auroit été précédemment rachetée par le propriétaire, ou par les propriétaires des fonds chargés de cette mouvance ; les diſpoſitions des articles XLIV & XLV du décret du 3 mai, n'ayant jamais dû recevoir leur application qu'au

cas où il s'agiſſoit des mouvances non inféodées.

« XI. A l'avenir la réunion ou conſolidation
des biens tenus en cenſive, aux fiefs dont les
biens étoient mouvans, ou de ce fief au fief
dominant, ne produira aucun droit ni aucun profit
en faveur du ci-devant ſeigneur du fief dominant,
& n'augmentera, dans aucun cas, le prix du
rachat du ci-devant fief ſervant, ni celui des
biens tenus en cenſive.

« Mandons, &c.

L O I

*Du 20 mars 1791, ſur le décret du 9, relative
à la régie, perception & liquidation des droits
féodaux & incorporels non ſupprimés, dépendans des domaines nationaux.*

« LOUIS, &c. L'aſſemblée nationale conſidérant que la réunion, ſous un même régime, de
la perception & régie des droits incorporels,
dépendans de tous les biens nationaux, aura
le double avantage d'en maintenir la valeur &
les produits, & d'anéantir de plus en plus toute
ancienne diſtinction entre les diverſes origines
de ces biens.

« Qu'il n'eſt pas moins eſſentiel de ne pas
ſéparer la perception deſdits droits incorporels,
de celle des droits d'enregiſtrement des actes,
celle-ci pouvant procurer aux agens de la premiere les moyens de ſuivre la trace des muta-

tions, de connoître les profits casuels qui en résultent, & de découvrir les redevables.

« Et que l'établissement qu'elle vient de décréter, d'une régie particuliere pour les droits d'enregistrement, lui offre maintenant les moyens de réaliser, dans cette partie d'administration, les vues d'ordre, de simplicité & d'économie aux quelles elle est invariablement attachée.

« Après avoir entendu le rapport de ses comités des domaines, des finances, d'imposition, de féodalité, de l'aliénation, de l'extraordinaire, et eccléfiastique, décrete ce qui fuit :

« ART. I. Les droits ci - devant féodaux, & tous autres droits incorporels, tant fixes que casuels, de quelque nature, espece & quotité qu'ils foient, non-supprimés par les décrets de l'assemblée nationale, & dépendans des domaines & biens nationaux, sans aucune diftinction de l'origine desdits domaines & biens, feront perçus, régis & administrés pour le compte de la nation, par les commissaires & régisseurs qui font ou feront chargés de la perception des droits d'enregistrement des actes, & par leurs commis & préposés, fous la furveillance des corps administratifs.

« II. Les achats qui feront faits pour parvenir à l'extinction des droits énoncés au précédent article, feront liquidés en conformité des décrets de l'assemblée nationale, par lefdits commissaires - régisseurs, leurs commis & préposés.

« III. La liquidation par eux faite fera vérifiée & approuvée, d'après l'avis des directoires de district, par les directoires des départemens dans le reſſort deſquels ſont ſitués les biens dont dépendent les droits rachetables; & les directoires de département enverront, tous les mois à l'adminiſtrateur de l'extraordinaire, le bordereau des liquidations qu'ils auront vérifiées & approuvées.

« IV. Le prix des rachats ainſi reglé, ſera perçu, ainſi que le produit des droits non rachetés, par leſdits commiſſaires-régiſſeurs, leurs commis & prépoſés, & le montant de leurs recettes ſera verſée par la régie à la caiſſe de l'extraordinaire.

« V. Les baux des droits incorporels, qui ont été faits en conſéquence du décret des 23 & 28 octobre dernier, & les baux antérieurs confirmés par ledit décret, ſeront exécutés; le prix de ceux de ces baux qui ne comprennent que les droits incorporels, ſera perçu par leſdits commiſſaires-régiſſeurs, leurs commis & prépoſés. Quant à ceux deſdits baux qui comprennent d'autres objets que des droits incorporels, le produit en ſera verſé par les fermiers à la caiſſe du diſtrict.

« VI. Les droits corporels dont la perception ſeroit ſujette à de trop grandes difficultés, pourront être affermés par les commiſſaires-régiſſeurs; ce qui ne pourra néanmoins avoir lieu, ni pour les droits caſuels, quelque ſoit leur quotité, ni pour les droits fixes, payables en argent, qui ſont de 20 livres & au-deſſus. Le prix des baux conſentis par la régie ſera perçu par elle, ſes commis & prépoſés.

« VII. Les baux des droits incorporels que la régie voudra affermer, feront faits à la pourfuite & diligence de fes commis & prépofés, devant le directoire du diftrict de la fituation des biens dont dépendent les droits incorporels; & il y fera procédé publiquement, & à la chaleur des encheres, dans la forme prefcrite par le décret des 23 & 28 octobre dernier.

« VIII. Les commiffaires - régiffeurs, leurs commis & prépofés pourront, toutes les fois qu'ils le jugeront néceffaire, prendre communication, fans frais & fans déplacer, même des extraits ou copies des titres, papiers & documens dont le dépôt a été ordonné par les art. IX & X du titre III du décret des 23 & 28 octobre dernier, & ils pourront fe faire remettre les récépiffés, les cueilloirs, papiers-cenfiers, ou papiers de recette, néceffaires pour le recouvrement.

« IX. Les commiffaires - régiffeurs feront faire, dans le plus bref délai, par leurs commis & prépofés, des états exacts, par corps de domaines, des droits incorporels fixes & annuels tant en argent qu'en nature, avec évaluation de ces derniers, fauf à compléter ces états par des fupplémens, fucceffivement & à mefure des découvertes d'articles négligés ou inconnus. Lefdits états & fupplémens feront faits à colonnes, dont une fera deftinée à faire mention des extinctions & rachats; & il en fera remis des doubles tant à l'adminiftrateur de l'extraordinaire, qu'aux archives des adminiftrations de département.

Code féodal.   P

« X. La régie est spécialement chargée de veiller à la conservation des droits incorporels, fixes & casuels, & des fonds sujets auxdits droits : en conséquence, elle fera tenir par ses agens & préposés, dans l'arrondissement de chaque bureau, des cueilloirs ou papiers de recette des droits qui y sont dus ; elle veillera aux prescriptions, & elle exigera des débiteurs les titres nouvaux, ou reconnoissances qu'ils sont tenus de fournir.

« XI. Le relevé des recettes des droits incorporels, déja faites par les receveurs de district, sera remis par eux aux commis & préposés de la régie. Les directoires de département & de district leur feront délivrer aussi des copies des baux déposés dans leurs archives.

« XII. Les débiteurs des droits casuels, ci-devant féodaux, non rachetés, seront tenus d'en faire le paiement dans les trois mois, au plus tard, du jour du contrat de vente ou autre acte translatif de propriété, qui aura fait ouverture à ce droit.

« XIII. Les acquéreurs & nouveaux propriétaires qui paieront, dans le délai des trois mois ci-dessus prescrits, les droits casuels ci-devant seigneuriaux, jouiront de la remise d'un quart sur le montant des droits, soit que lesdits droits soient perçus, ou qu'ils soient affermés par la régie. Il ne sera accordé aucune remise après l'expiration des trois mois fixés pour le paiement ; & il ne pourra, en aucun cas, être fait une remise plus forte que celle du quart ; le tout à peine par les commissaires-régisseurs, leurs

commis & préposés, d'en répondre en leur propre & privé nom.

« XIV. Il sera surfis, quant à préfent, &
jufqu'à ce qu'il en ait été autrement ordonné,
à la vente & aliénation des droits incorporels
nationaux.

« XV. Les co-débiteurs folidaires des droits
incorporels nationaux , pourront racheter féparément leur portion contributive defdits droits , à
la charge, par rapport à ceux qui poffedent divifément partie d'un fonds grevé d'un droit in-
corporel, de vérifier par des reconnoiffances ou
autres actes faits avec le poffeffeur de ce droit ,
la quotité dont ils font tenus dans le total du
droit ; & par rapport à ceux qui poffedent indi-
vifément, de faire préalablement conftater , à
leurs frais, cette quotité contradictoirement avec
le prépofé de la régie , fous l'infpection du directoire de diftrict.

« Quant aux autres co-débiteurs du droit dont
une portion feulement aura été rachetée , ils continueront d'être tenus folidairement du furplus,
jufqu'au rachat qu'ils pourront en faire , auffi
partiellement , dans la forme qui vient d'être
prefcrite.

« XVI. Dans le cas de vente & de rachat
des droits fonciers ou ci-devant féodaux , appartenant à la nation , elle a, pour fûreté de tout,
ou de partie du prix, hypothéque & privilége
fur le fonds qui étoit grevé defdits droits , &
l'hypothéque privilégiée fubfiftera , quoique le
fonds foit paffé en mains tierce, nonobftant toutes

les loix, coutumes & usages contraires, même
nonobstant toutes les lettres de ratifications.

« Mandons, &c.

L O I

Du 10 *juin* 1791 ,, *sur le décret du* 7 *du même
mois , relative aux retenues à faire sur les rentes ci-devant seigneuriales, foncieres , perpétuelles
ou viageres.*

LOUIS, &c. « L'assemblée nationale décrete
ce qui suit :

» ART. I. Les débiteurs autorisés par les articles VI & VII du titre II de la loi du premier décembre 1790, à faire une retenue sur
les rentes ci-devant seigneuriales ou foncieres, sur
les intérêts ou rentes perpétuelles, constituées
avant la publication de ladite loi, soit en argent, soit en denrées, & de prestation en quotité de fruits à raison de la contribution fonciere,
la feront au cinquieme du montant desdites rentes ou prestations pour l'année 1791 , & pour
tout le tems pendant lequel la contribution
fonciere restera dans les proportions fixées pour
ladite année, sans préjudice de l'exécution des
baux à rentes ou autres contrats faits sous la
condition de la non-retenue des impositions royales.

» II. Quant aux rentes ou pensions viageres
non-stipulées exemptes de la retenue, les débiteurs la feront aussi au cinquieme, mais seulement sur le revenu que le capital, s'il est connu,

produiroit au denier vingt; & dans le cas où le capital ne feroit pas connu, la retenue ne fe fera qu'au dixieme du montant de la rente ou penfion viagere , conformément à l'article VIII de la loi du premier décembre 1790. Ces pro-portions demeureront les mêmes pour tout le tems déterminé par l'article précédent.

» III. Le débiteur fera la retenue au moment où il acquittera la rente ou preftation; elle fera faite en argent fur celles en argent , & en na-ture fur les rentes en denrées , & fur les pref-tations en quotité de fruits.

Mandons, &c.

L O I .

Du 12 feptembre 1791, fur les décrets des 19 & 23 juillet , relative à ceux qui ont acquis du domaine de l'état des droits fupprimés fans indemnité, & des juftices feigneuriales.

LOUIS, &c. « L'affemblée nationale voulant déterminer les effets de l'article XXXVI du titre II de la loi du 15 mars 1790, & de fon décret du 22 février 1791, concernant les ré-pétitions accordées à ceux qui ont acquis du do-maine de l'état des droits fupprimés fans in-demnité & des juftices feigneuriales, décrete ce qui fuit .

§. I.

*Des différentes répétitions à exercer par les alié-
nataires.*

» Art. I. Ceux qui ont acquis du domaine
de l'état, soit par engagement, soit par vente
pure & simple des droits féodaux & autres abolis sans indemnité, ainsi que des justices seigneuriales, sans mélange d'autres biens ou
droits non-supprimés, seront remboursés, par la
caisse de l'extraordinaire, du montant des finances versées par eux ou leurs auteurs au tréfor
public, suivant la liquidation qui en sera faite
avec intérêt, à compter de la publication des
lettres-patentes, sur les décrets du 4 août 1789.

» II. Ceux qui ont fait lesdites acquisitions
par bail à cens ou à rente perpétuelle, pareil-
ment sans mélange d'autres biens ou droits non-
supprimés, demeureront déchargés, à compter
de la même époque, des cens ou rentes dont
ils étoient tenus, & seront remboursés de même
des finances, ou deniers d'entrée, qu'ils justi-
fieront avoir été versés au tréfor public.

» III. Si lesdites aliénations ont été faites par
baux emphytéotiques, ou à longues années, les
finances ou deniers d'entrée ne seront rembourfés qu'à proportion du tems qui sera retranché
de la jouissance des aliénataires.

» IV. En cas de bail à vie, il sera fait déduction sur lesdites finances ou deniers d'entrée
d'un trentieme par chaque année de jouissance
qu'auront eue les baillistes antérieurement à l'é-

poque ci-deſſus énoncée, ſans néanmoins que cette déduction puiſſe réduire le rembourſement au-deſſous du tiers deſdites finances ou deniers d'entrée.

Si le bail étoit à pluſieurs vies, la déduction ne ſera que d'un quarantieme par année de jouiſ-ſance ; mais cette déduction pourra réduire juſ-qu'au quart, le rembourſemeut des finances ou deniers d'entrée.

» V. Les taxes repréſentatives d'impoſitions ou de charges affectées ſur les biens, avant ou depuis les contrats d'aliénation, n'entreront point en liquidation, à l'exception de celles qui au-ront été exigées pour rachat deſdites charges, avec clauſe ſpéciale qu'elles tiendront lieu d'un ſupplément de finance.

» VI. Les droits de confirmation payés par les aliénataires, n'entreront pareillement en li-quidation qu'autant qu'ils auront été formelle-ment établis à titre d'augmentation, ou ſupplé-ment de finance.

» VII. Aucunes taxes ni aucuns droits de con-firmation conſiſtans en rentes annuelles, pen-ſion ou années du revenu des biens aliénés, n'en-treront en liquidation, en principal ni acceſſoire.

» VIII. Les ſols pour livres acceſſoires de finances ou ſupplément de finances rembourſa-bles, entreront en liquidation, lorſqu'ils au-ront été verſées au tréſor public, ainſi que le principal.

» IX. Ceux à qui les aliénations ſus-énoncées ont été faites à titre d'indemnité de créance ou de

répétitions légitimes contre l'état, feront rembourfés de ce à quoi leurs créances ou répétitions
devront être liquidées.

» X. Les acquéreurs fur revente recevront le
montant des rembourfemens qu'ils auront faits
aux précédens aliénataires, en conformité des liquidations régulieres qui auront eu lieu.

» XI. Les autres liquidations faites avant l'établiffement de la direction générale, dans les formes ufitées jufqu'alors, feront pareillement exécutées.

» XII. Ceux qui ont fait lefdites acquifitions
par voie d'échange, feront admis à rentrer dans
les objets par eux cédés en contre-échange, fans
qu'il y ait lieu à indemnité, dans le cas où ces
objets confifteroient pareillement en droits abolis ou juftices feigneuriales; & les foultes refpec-
tives qui auront eu lieu, feront rembourfées avec
intérêt depuis l'époque ci-devant énoncée.

» XIII. Si les aliénataires ont traité, tran-
figé, ou autrement difpofé d'aucuns objets fupprimés fans indemnité, dépendans de leurs acquifitions, ils feront tenus de compter, on imputer les fommes principales qu'ils en auront reçues avec intérêt depuis la même époque.

» XIV. Si les biens cédés à l'état en contr'échange, fe trouvent hors de fa difpofition actuelle en tout ou en partie, l'échangifte fera
proportionnellement rembourfé de la valeur des
droits fupprimés & des produits utiles de la juftice, déduction faite des charges, avec femblables intérêts.

» XV. Si lefdits biens font appliqués à des
ufages

ufages publics, incorporés à un domaine national dont ils ne pourroient être féparés fans le
détérorier, dénaturés par des plantations en bois,
des converfions de taillis en futaie, ou autrement; ou s'il y a été conftruit des bâtimens con-
fidérables, la nation aura la faculté de les rete-
nir au moyen du même rembourfement.

XVI. La nation aura la même faculté, dans
le cas où lefdits biens feroient diminués de valeur par des démolitions de bâtimens, coupes de
bois ou autrement, fi mieux n'aime l'échangifte
les recevoir en l'état auquel ils fe trouveront.

» XVII. Ceux qui ont acquis des droits fupprimés fans indemnité, ou des juftices feigneuriales, conjointement avec des droits rachetables ou d'autres biens ne pourront demander
que l'entière réfiliation des engagemens, achats,
baux à rentes, échanges & autres actes inter-
venus avec le gouvernement, en remettant à
l'état les biens & droits non-fupprimés qu'ils en
auront reçus.

» XVIII. Néanmoins ceux defdits acquéreurs
qui poffédoient à titre incommutable, & qui,
par acte authentique, avant la publication des
décrets du 4 août 1789, auroient aliéné partie
defdits biens ou droits non-fupprimés, feront reçus à les remplacer, en comptant du prix auquel ils les auroient aliénés, avec intérêts, comme
il eft dit ci-deffus.

» XIX. Les aliénataires rendront les biens
qu'ils délaifferont, & particulierement les bois,
chauffées, ufines & autres bâtimens, en auffi bon

état qu'ils étoient lors des aliénations, & feront tenus de toutes détériorations & dégradations.

» XX. Les impenfes & améliorations faites dans les mêmes biens, feront rembourfées jufqu'à concurrence de ce dont ils s'en trouveront augmentés de valeur au tems de la réfiliation; néanmoins les engagiftes n'auront droit qu'aux impenfes qu'ils auront été dûment autorifés à faire, foit par le contrat, foit poftérieument, avec claufe expreffe de ren.bourfement; & celles faites par les emphytéoses & bailliftes à tems, ne feront rembourfées que dans les proportions fixées par l'article III pour les finances principales.

» XXI. Les aliénataires feront tenus d'imputer les fruits ou produits des biens & droits fupprimés, qu'ils feront dans le cas de rétrocéder, fur les intéréts des finances qui devront leur être rembourfés, à compter de la publication des décrets du 4 août 1789, fans diftinction des produits qui n'auroient pas été perçus, fauf à eux de les recouvrer.

» XXII. Les frais & loyaux-coûts des procès-verbaux qui ont été faits pour la vérification ou réception des impenfes qui doivent être rembourfées aux engagiftes, entreront en liquidation; les droits de marc d'or qui pourroient avoir été exigés en exécution de l'édit de décembre 1770, pour des aliénations à titre onéreux, feront pareillement liquidés & rembourfés. Quant aux frais d'aliénation, de vifite de lieux, évaluation & autres, & ils demeureront à la charge des aliénataires, à l'exception de ceux que le gouvernement se feroit expressément obligé de supporter.

» XXIII. L'assemblée nationale se réserve de prendre en considération les aliénations qui, par les clauses particulieres des actes, se trouveroient hors la disposition du présent décret,

» XXIV. Les dispositions du présent décret, de celui du 22 février 1791, & de l'art XXXVI du titre II de la loi du 15 mars 1790, ne s'entendent que des droits & justices acquis du domaine ci-devant dit de la couronne, & non point des acquisitions faites des ci-devant bénéficiers, corps ou communautés ecclésiastiques, ou autres dont les possessions ont été ou pourroient être réunies au domaine national.

§. II.

Exécution.

» XXV. Les aliénataires qui voudront se prévaloir des dispositions du présent décret, seront tenus de dresser un état détaillé, signé par eux, ou un fondé de procuration, des droits supprimés sans indemnité & des justices seigneuriales qui leur ont été aliénés, en distinguant les droits & justices dont ils étoient en possession réelle au 4 août 1789, de ce dont ils pourroient avoir disposé. Cet état devra être certifié par la municipalité du chef-lieu desdits droits ou justices, & visé par le directoire de district.

Ils dresseront un second état contenant les titres, reconnoissances, cueilloirs, baux à fermes & autres pieces étant en leur pouvoir, relativement à la propriété & l'administration desdits droits ou justices. Et cet état sera pareillement signé, & ils en affirmeront ou feront affirmer la sincérité pardevant le même directoire.

» XXVI. Les aliénataires qui seront dans le cas de rétrocéder à la nation des droits rachetables ou d'autres biens, ou d'imputer le montant de ceux qu'ils auroient valablement aliénés, seront tenus d'en dresser pareillement l'état particulier & circonstancié, ainsi que celui des titres & pieces relatives à la possession & la gestion des mêmes biens qu'ils auront en leur pouvoir. Ils donneront pareillement l'état des fruits ou produits dont ils pourroient être comptables, à la forme de l'article XXII, & signeront & affirmeront ces autres états, comme il est dit en l'article précédent.

» XXVII. Si les aliénataires ont à répéter des impenses & ameliorations, ils en dresseront de même un état particulier détaillé, signé & affirmé; soit qu'ils aient ou non des impenses à répéter, ils produiront les procès-verbaux de visites de lieux qui auront été faites.

» XXVIII. Ceux qui auront à répéter des biens cédés en contr'échange, seront tenus de les indiquer d'une maniere spéciale, & de produire les extraits des procès-verbaux d'évaluation jugés & arrêtés qui auront eu lieu.

» XXIX. La liquidation des sommes remboursables aux aliénataires, ou qu'ils seront dans le cas d'imputer, sera faite par le commissaire du roi directeur général de la liquidation, sur les actes d'aliénation, quittances de finances, ju-

gemens de liquidation, titres de propriété, états
& autres actes & renfeignemens qui lui feront
repréfentés; il prendra préalablement l'avis par
écrit de la régie des domaines; & lorfqu'il l'ef-
timera neceffaire, il confultera les corps admif-
tratifs.

» XXX. La rétroceffion des biens cédés à
l'état en contréchange, n'aura lieu qu'en vertu
d'un décret du corps légiflatif fanctionné par le
roi : en conféquence, les pieces & mémoires des
échangiftes feront remis au comité qui fera délégué à cet effet, & qui, après avoir pareillement pris l'avis par écrit de la régie des domaines, en fera fon rapport.

» XXXI. S'il y a lieu à rembourfer la valeur des droits fupprimés dans les cas énoncés
aux articles XV, XVI & XVII, la liquidation
en fera faite fur le pied des évaluations qui auront eu lieu lors des échanges

» XXXII. Les aliénataires qui, enfuite de
la réfiliation de leurs contrats, feront dans le
cas de rétrocéder à l'état des biens ou droits
non-fupprimés, remettront leurs pieces à la régie des domaines en la perfonne de fon principal prépofé dans les départemens où lefdits biens
feront fitués, pour donner fon avis tant fur les
demandes defdits aliénataires que fur les fruits
dont ils feroient comptables, & les détériorations, dégradations & autres objets dont ils pourroient être tenus. Les pieces feront enfuite com-
muniquées au directoire du département, pour
vifer & approuver, s'il y a lieu, l'avis de la
régie. Les directoires de département confulte-

ront préalablement ceux des diftricts où les biens feront fitués ; & ceux-ci, lorfqu'ils l'eftimeront convenable, confulteront les municipalités.

» XXXIII. S'il n'y a lieu à aucune plus ample vérificaticn, les pieces & avis ci-deffus ènoncées feront adreffées au directeur général de la liquidation ; pour liquider les fommes à imputer & rembourfer, & elles feront préfentées au corps légiflatif, lorfqu'il il y aura des biens contr'échangés à rétrocéder.

» XXXIV. S'il échéoit des vérifications par experts, ils feront convénus l'un par l'aliénataire, l'autre par le procureur-fyndic du diftrict qui fera délégué par le directoire du département; & à defaut d'en convenir, ils feront nommés d'offices par le directoire du même diftrict. Les experts prendront les renfeignemens néceffaires fur les faits qui auront befoin d'être conftatés, & en feront mention dans leur rapport qu'ils affirmeront pardevant le même directoire. S'il eft befoin d'un tiers-expert, il fera nommé par le directoire du département. L'aliénataire & les prépofés de la régie pourront affifter aux opérations des experts, & leur faire les obfervations qu'ils jugeront convenables.

» XXXV. Le directoire du diftrict qui aura reçu le rapport des experts, & fucceffivement le directoire du département, donneront leur avis fur le toūt; après quoi les pièces feront adreffées au directeur général de la liquidation, ou préfentées au corps légiflatif, comme il eft dit en l'article XXXIII.

» XXXVI. Les aliénataires qui, toute compensation faite, feront reconnus débiteurs, feront tenus de verfer à la caiffe de l'extraordinaire le montant des fommes dont il feront redevables, & d'en joindre la quittance à leurs pieces & mémoires, pour obtenir la rétroceffion des biens par eux cédés en contr'échange.

» XXXVII. Les aliénataires, avant d'obtenir la délivrance de leur reconnoiffance de liquidation, & d'être mis en poffeffion des biens par eux cédés en contr'échange, feront tenus de remettre les pieces comprifes dans les états mentionnés aux articles XXV & XXVI au fecrétariat du diftrict où ils auront affirmé lefdits états, & d'en juftifier au directeur général de la liquidation, & à la régie des domaines.

Les titres & pieces relatives à la propriété & jouiffance des biens retrocédés aux aliénataires, leur feront remis fur leur décharge par tous dépofitaires.

» XXXVIII. Les formalités prefcrites par le préfent décret ne feront point affujetties à l'enregiftrement, & feront faites fur papier libre & fans frais, fauf les falaires des experts qui feront avancés par les aliénataires fur la taxe du directoire du diftrict, & compris dans la liquidation des fommes qui devront leur être rembourfées, lorfqu'ils n'y auront pas donné lieu par de faux expofés, ou que lefdits frais ne feront pas caufés par des dégradations à leur charge.

» XXXIX. Les aliénataires feront tenus de préfenter leurs titres, états & mémoires, au plus tard, dans les trois ans de la publication du présent décret; & passé ce terme, ils demeureront déchus de toute prétention.

Mandons, &c.

L O I

Du 9 octobre 1791, sur le décret des 14 & 15 septembre, concernant le rachat des droits seigneuriaux non-rachteables.

LOUIS, &c. » L'assemblée nationale, voulant faire cesser plusieurs difficultés qui se sont élevées sur l'execution ou l'interprétation des articles VII, XLVIII, XLIX, L, LI, & LII du décret du 3 mai 1790, & IV du titre II du décret du 18 décembre dernier; ainsi que sur les articles XIX, XX, XL & LIII du décret du 3 mai dernier, décrete ce qui suit:

» ART. I. Lorsqu'il s'agira de racheter des droits ci-devant seigneuriaux, soit fixes, soit casuels, ou des rentes foncieres ci-devant non-rachetables, qui seront affectés à un douaire, soit coutumiers, soit préfix, non-ouvert, ledit rachat ne pourra être fait qu'à la charge du remploi; sauf au redevable, qui ne voudra point demeurer garant du remploi, à consigner le prix du rachat, lequel ne pourra être délivré au mari grevé dudit douaire, qu'en vertu d'une ordonnance du tribunal de district sous le ressort duquel se trouveront situés les fonds chargés desdites rentes, rendue sur les conclusions du commissaire

miſſaire du roi, auquel il ſera juſtifié de l'emploi.

» II. Dans les pays où la femme peut conſentir à l'aliénation du fond affecté au douaire, le défaut de remploi ne pourra être oppoſé par la femme qui aura donné ſon conſentement au rachat; ni par les enfans qui ſeront héritiers purs & ſimples de la femme qui aura donné ce conſentement, encore que le fonds dudit douaire leur ait été déclaré propre par la loi ou par la convention.

» III. Les deux diſpoſitions précédentes ne pourront autoriſer aucuns recours de la part de la femme ou des enfans, à l'égard des rachats qui auront été conſommés avant la publication du préſent décret.

» IV. Dans les coutumes de Berry & Bourbonnois ou autres ſemblables, dans leſquelles le douaire coutumier n'a lieu que ſur les immeubles que le mari laiſſe au jour de ſon décès, l'emploi preſcrit par l'article premier n'aura lieu qu'à l'égard du douaire conventionnel, & lorſque l'affectation de ce douaire n'aura point été reſtreinte aux biens que le mari aura au jour de ſon décès.

» V. Dans tous les cas où le remploi du prix du rachat des droits ci-devant ſeigneuriaux ou des rentes foncieres eſt preſcrit, ſoit par le préſent décret, ſoit par les décrets des 3 mai & 18 décembre 1790, & 13 avril 1791, le redevable, qui ne voudra point demeurer grevé du remploi, pourra conſigner les deniers par lui offerts ſans autoriſation de juſtice; mais il

Code féodal.   R

ne pourra faire cette consignation qu'un mois après la date des offres, & dans le cas où il ne lui auroit point été justifié d'un jugement contenant reconnoissance d'un emploi accepté par le commissaire du roi.

» VI. Lorsque le propriétaire d'un fonds situé dans les pays ou les lieux dans lesquels la maxime *nulle terre sans seigneur* n'étoit point admise, ignorera quel est le cidevant fief dont il peut relever, & les droits auxquels son fonds peut être assujetti, & voudra néanmoins libérer ce fonds des charges dont il peut être tenu, il pourra se faire autoriser, par le tribunal du district dans le ressort duquel sera situé son fonds, à faire publier & afficher à la porte de l'église paroissiale du lieu où sera situé son fonds, des offres à tout prétendant droits de ci-devant féodalité sur ledit fonds, de racheter ceux qui pourront lui être dus; lesdites offres contiendront la déclaration du fonds, de sa contenance & de ses tenans & aboutissans, ainsi que de son évaluation, avec élection de domicile dans l'étendue de ladite paroisse, & sommation à tout prétendant droits ci-devant seigneuriaux sur ledit fonds, de les faire connoître au domicile élu, dans la quinzaine; &, à défaut par tout prétendant droits, de faire sa déclaration dans la quinzaine, le redevable jouira, en vertu desdites offres, du bénéfice attribué par l'article XLII du décret du 3 mai 1790, & par celui du 12 novembre suivant, aux propriétaires qui auront exécuté le rachat, & à ceux qui ont fait des offres valables non-acceptées.

» VII. Dans les pays où la maxime *nulle terre fans feigneur* étoit admife, le rachat, qui aura été fait entre les mains de celui qui avoit ci-devant le titre de feigneur univerfel de la paroiffe dans laquelle fe trouvera fitué le fonds racheté, fera valable, s'il n'a point été formé d'oppofition de la part d'aucun prétendant droits de mouvance particulière fur ledit fonds; fauf au propriétaire qui réclameroit après le rachat ladite mouvance, à fe pourvoir contre celui qui aura reçu ledit rachat, en vertu de fon titre univerfel.

» VIII. Les difpofitions des deux articles précédens n'auront point lieu pour ceux qui auront reconnu perfonnellement un ci-devant feigneur particulier - par aveu, actes de foi ou reconnoiffances, ni pour ceux qui feroient héritiers ou fucceffeurs à titre univerfel de celui qui auroit ainfi reconnu, depuis trente ans, un ci-devant feigneur particulier; lefquels ne pourront être valablement libérés que par des offres faites audit ci-devant feigneur ou par un rachat fait entre fes mains.

» IX. La difpofition de l'article LIII du décret du 3 mai 1790, qui permet de faire des offres au chef-lieu du ci-devant fief, n'ayant pas pu ôter aux redevables la faculté de faire les offres à la perfonne ou au domicile du propriétaire du ci-devant fief, les redevables continueront d'avoir l'option de faire lefdites offres foit au chef-lieu du ci-devant fief, foit au domicile du propriétaire. Dans le cas où il n'y aura point de chef-lieu certain & connu dudit ci-devant fief, les offres pourront être faites à la personne ou au domicile de celui qui sera préposé à la recette des droits dudit ci-devant fief à son défaut, à la personne ou domicile de l'un des domaines dudit ci-devant fief; &, dans le cas où il n'y auroit ni préposé à la recette, ni fermiers, les offres ne pourront être faites qu'à la personne ou au domicile du propriétaire du ci-devant fief, lequel, audit cas, supportera l'excédent des frais que cette circonstance aura occasionnés.

» X. Le défaut de consignation de la somme offerte n'emporte pas la nullité des offres; mais le propriétaire du droit pourra se pourvoir devant les juges, pour faire ordonner à son profit, provisoirement & sous la réserve de ses droits, la délivrance de la somme offerte, dans le délai d'un mois, du jour du jugement; &, faute de réalisation & d'exécution de la part du débiteur, il sera déchu de ses offres. En cas d'insuffisance de la somme offerte, l'intérêt du surplus courra du jour de la demande.

» XI. Dans les pays & les lieux où l'usage étoit de ne point payer en argent l'indemnité due par les gens de main-morte aux ci-devant seigneurs de fiefs, à raison des acquisitions faites sous leur mouvance, mais où il étoit d'usage de fournir pour cette indemnité une rente annuelle, soit en argent, soit en grains, la nation demeure chargée de la prestation de ladite rente, jusqu'à la vente des fonds; & en cas de vente, elle demeure chargée du remboursement, de ladite rente, fuivant le taux & les modes fixés par le décret du 3 mai 1790.

Il en fera de même dans les pays où l'ufage étoit de payer l'indemnité par une fomme d'argent, fi ladite indemnité a été convertie en une rente par convention.

» XII. Dans les pays où il étoit d'ufage, pour l'indemnité due par les gens de main-morte aux ci-devant feigneurs de fief, d'accorder à ceux-ci une preftation de quint, lods, milods, ou autre preftation quelconque, payable à certaines révolutions, telles que vingt, trente, ou quarante ans ou autres révolutions, la nation demeure chargée d'acquitter lefdites preftations à leur échéance, jufqu'à la vente des fonds ; & en cas de vente, elle fera tenue de racheter les droits ci-devant feigneuriaux ou cafuels dont lefdits fonds étoient tenus avant l'acquifition faite par la main-morte, aux taux & aux modes prefcrits par le décret du 3 mai 1790 , & de la même maniere que fi le fonds n'étoit paffé en main-morte. Mandons , &c.

L O I

Du 6 octobre, fur le décret du 21 feptembre, portant qu'il y a lieu à indemnité en faveur du prince de Monaco, pour fuppreffion de droits féodaux.

LOUIS, &c. » L'affemblée nationale confidérant qu'il paroît que le prince Monaco n'a point été remis en poffeffion des biens qui devoient lui être reftitués en Italie , en conféquence de l'article CIV du traité des Pyrénnées, & voulant manifester son respect, pour la foi des traités ;

Ouï le rapport des comités des domaines & diplomatique :

Décrete, 1°. qu'il n'y a lieu à délibérer sur la dénonciation de la commune des Baux, tendante à faire prononcer la révocation des concessions faites en France au prince de Monaco, en exécution du traité d'alliance & de protection de Peronne, le 14 septembre 1641.

2°. Qu'il y a lieu à indemnité en faveur du prince de Monaco, à cause de la suppression des droits féodaux, de justice & de péage dépendans desdites concessions.

3°. Que le roi sera prié de faire négocier avec le prince de Monaco, la détermination amiable de ladite indemnité, conformément aux obligations résultantes du traité de Peronne, pour, sur le résultat de la négociation, être par le corps législatif délibéré ainsi qu'il appartiendra.

4°. Enfin, que les offices du judicature dépendans des domaines concédés au prince de Monaco, seront liquidés & remboursés aux dépens du trésor public, sauf imputation, s'il y a lieu, de tout ou en partie de la liquidation sur l'indemnité due au prince de Monaco.

Mandons, &c.

L O I

Du 16 octobre 1791, sur le décret du 15 septembre, sur le mode & le taux du rachat des droits ci-devant seigneuriaux, soit fixes, soit casuels, dont sont grévés les biens possédés à titre de bail emphythéotique ou de rente foncière non perpétuelle.

LOUIS, &c. « L'assemblée nationale décrete ce qui suit :

SECTION PREMIERE.

Des fonds patrimoniaux des particuliers, aliénés à bail emphytéotique, ou à rente non perpétuelle.

» ART. I. Il sera libre, soit au preneur, possesseur actuel du fonds à titre de bail emphytéotique, ou à rente non perpétuelle, soit au bailleur propriétaire de la rente & ayant droit à la propriété réversible, de racheter les droits ci-devant seigneuriaux, fixes ou casuels, dont ledit fonds se trouvera chargé, & dont lesdits bailleur & preneur sont respectivement tenus, en se conformant, par chacun d'eux, aux règles ci-après.

» II. Le preneur possesseur actuel du fonds, qui voudra ne racheter que les droits dont il peut être tenu pendant sa jouissance, sera tenu de faire le rachat des droits fixés & annuels, eu égard à la valeur totale & perpétuelle, d'après le mode & les taux prescrits par le décret du 5 mai 1790 ; & au moyen dudit rachat, il demeurera subrogé aux droits du ci-devant seigneur, quant à la propriété de ladite rente seulement, dont il pourra se faire payer, après l'expiration du bail, par le bailleur qui sera rentré dans son fonds, si mieux n'aime celui-ci rembourser au premier la somme qui lui aura été payée pour le rachat.

Quant aux droits casuels dont le preneur peut-être tenu pendant sa jouissance, pour en liquider le rachat ; 1°. il sera fait une évaluation du prix auquel le fonds pourroit être vendu, déduction faite de la rente ou canon emphytéotique, eu égard au nombre des années de jouissance qui resteront à courir ; 2°. le rachat desdits droits casuels sera ensuite fixé d'après ledit capital, conformément au mode & aux taux prescrits par le décret du 3 mai 1790 ; 3°. au moyen dudit rachat, le ci-devant seigneur, pendant la durée du bail, ne pourra plus jouir des droits casuels que vis-à-vis du bailleur, & en cas de vente ou autre mutation de la rente & du droit à la propriété réversible, dans les pays & les cas où ladite vente & lesdites mutations donnent ouverture à un droit ; 4°. après l'expiration du bail, le propriétaire qui sera rentré dans son fonds, demeurera chargé de la totalité des droits casuels, en cas de mutation, jusqu'au rachat d'iceux.

» III. Le preneur, possesseur actuel du fonds, pourra néanmoins, s'il le juge à propos, racheter les droits casuels, eu égard à leur valeur entiere & perpétuelle ; auquel cas il sera tenu de les racheter sur le pied de la valeur totale du fonds, sans déduction de la rente annuelle portée au bail emphytéotique, ou de la rente non perpétuelle.

tuelle. Audit cas le preneur fera & demeurera
fubrogé au droit du ci-devant feigneur, pour
exercer lefdits droits cafuels contre le bailleur :
favoir, pendant la durée du bail, en cas de
vente ou mutation de la rente, dans les pays
où les cas dans lefquels cette vente ou mutation
donne ouverture auxdits droits ; & après l'expiration du bail, en cas de vente ou mutation
du fonds, conformément à la coutume, & aux
titres particuliers, & ce, jufqu'au rachat que le
bailleur en pourra faire, ainfi qu'il fera dit ci-
après.

» IV. Si le bailleur, propriétaire de la rente
& du droit de la propriété réverfible, fe préfente
au rachat avant que le preneur ait fait le rachat
qui lui eft permis par les articles II & III ci-
deſſus, le bailleur fera tenu de racheter, tant
les droits fixes que les droits cafuels, en totalité
& de la même manière que s'ils étoient rentrés
dans la pleine propriété, conformément au mode
& aux taux prefcrits par le décret du 3 mai 1790;
& en ce faifant, il fera fubrogé au droit du ci-
devant feigneur, foit quant aux droits fixes, foit
quant aux droits cafuels, pour les exercer contre
le preneur pendant la durée du bail feulement,
dans les mêmes cas & de la manière que le ci-
devant feigneur auroit pu les exercer contre ledit
preneur.

» V. Si le bailleur propriétaire de la rente &
du droit de propriété réverfible, ne fe préfente
au rachat qu'après que le preneur aura lui-même
ufé de la faculté qui lui eft accordée par l'article

II ci-deſſus ; audit cas, le bailleur ne ſera tenu de racheter du ci-devant ſeigneur, que les droits caſuels ; & ſur l'eſtimation qui en ſera faite, conformément à l'article IV ci-deſſus, il lui ſera fait déduction de la ſomme qui aura été payée par le preneur pour le rachat deſdits droits caſuels relatifs à la durée de ſa jouiſſance.

A l'égard des droits fixes & annuels qui auront été rachetés par le preneur aux termes de l'art. II ci deſſus, le bailleur, après l'expiration du bail & lorſqu'il ſera rentré dans ſa propriété, ſera tenu d'en continuer la preſtation audit preneur, ſi mieux il n'aime rembourſer la ſomme qui aura été payée par le preneur pour le rachat deſdits droits fixes & annuels ſeulement..

» VI. Si le bailleur, propriétaire de la rente & du droit de propriété réverſible, ſe préſente au rachat après que le preneur aura racheté la totalité des droits fixes & caſuels, en vertu de la faculté qui lui en eſt accordée par l'article III ci-deſſus ; audit cas, le bailleur ſera tenu de rembourſer au preneur la ſomme qui aura été par lui payée pour le rachat des droits caſuels, à la déduction de celle qui ſe trouvera être à la charge du preneur, conformément à ce qui eſt preſcrit par l'article II ci-deſſus ; & après l'expiration du bail, le bailleur ſera tenu de continuer au preneur la preſtation des redevances fixes & annuelles que celui-ci aura rembourſées, ſi mieux il n'aime rembourſer la ſomme qui aura été payée par le preneur pour le rachat deſdits droits.

» VII. Si le preneur , poſſeſſeur actuel du fonds , ne ſe préſente au rachat qu'après que le bailleur aura racheté tous les droits fixes & caſuels , en vertu de la faculté qui lui eſt accordée par l'article IV ci-deſſus ; audit cas , le preneur ne ſera tenu d'en rembourſer au bailleur que les droits caſuels dont il eſt perſonnellement tenu pendant la durée du bail , & l'évaluation deſdits droits ſe fera conformément à ce qui eſt preſcrit par la ſeconde partie de l'article II ci-deſſus.

A l'égard des droits fixes ou caſuels qui auront été rachetés par le bailleur , le montant annuel en ſera ajouté à la rente portée au bail emphytéotique , ou à rente , pour être payé par le preneur au bailleur, en ſus de ladite rente, pendant la durée de ſon bail.

» VIII. Lorſque le preneur ſe trouvera ſubrogé au droit du ci-devant ſeigneur, quant aux redevances fixes & annuelles ſeulement , aux termes & dans les cas prévus par les articles II & V ci-deſſus , leſdites redevances ne pourront emporter aucuns droits caſuels , & ne formeront qu'une ſimple rente foncière rachetable ainſi qu'il eſt dit aux articles II & VI.

» IX. Le preneur qui aura rembourſé la totalité des droits ci-devant ſeigneuriaux, tant fixes que caſuels , en vertu de la faculté qui lui en eſt accordée par l'article II , ſera tenu de le dénoncer au bailleur ; & réciproquement le bailleur ſera tenu de faire la même dénonciation au preneur, lorſqu'il aura rembourſé la totalité deſdits droits en exécution de l'article IV , à peine des dommages & intérêts , s'il y a lieu.   S 2

SECTION II.

Des fonds nationaux , soit aliénés à titre de bail emphytéotique , ou à rente non perpétuelle, soit possédés au même titre par la nation , comme subrogée au lieu & place des bénéficiers, corps & communautés séculieres ou régulieres.

» Art. I. Lorsque les ci-devant bénéficiers, corps ou communautés ecclésiastiques ou laïques, dont les biens & les droits ont été déclarés nationaux , auront été donnés en tout , ou en partie, à des particuliers à titre de bail emphytéotique ou de bail à rente non perpétuelle, le paiement des droits ci-devant seigneuriaux fixes ou casuels, & le rachat des droits feront faits d'après les règles & les distinctions ci-après.

» II. Si lesdits fonds relevoient d'un ci-devant fief patrimonial & non déclaré national , & si l'indemnité en avoit été payée au ci-devant seigneur , ou étoit prescrite, le preneur, possesseur actuel du fonds, demeurera seul chargé, pendant la durée de son bail , du paiement des redevances fixes & annuelles, ainsi que des droits casuels dont il peut être tenu dans les pays & les cas où les mutations de la part du preneur donnent ouverture auxdits droits , sans préjudice de la faculté qui lui est réservée de racheter lesdits droits casuels seulement , conformément à l'article II de la section premiere du présent décret.

Dans le cas où la nation vendroit le droit à

la rente & à la propriété réverſible, conformément au decret du 18 avril 1791, ſanctionné le
27 des même mois & an, elle ne ſera tenue
d'aucun rachat envers le ci-devant ſeigneur, qui
ne pourra exercer, pendant la durée du bail,
que les droits dont il jouiſſoit vis-à-vis du
preneur.

» III. Si l'indemnité due au ci-devant ſeigneur
à raiſon de l'acquiſition faite par la main-morte,
n'avoit été acquitée que par une rente annuelle,
ou par une preſtation d'un droit de quint, lods,
mi-lods, ou autre redevance payable tous les
vingt, trente, quarante ans, ou autre révolution
périodique; audit cas, & lors de la vente ſeulement du droit à la rente & à la propriété, la
nation ſera tenue de racheter leſdits droits au
ci-devant ſeigneur, & ledit rachat ſe fera conformément à ce qui eſt preſcrit par les articles
XI & XII du décret d'hier & de ce jour.

» IV. Si, lors de l'acquiſition faite par la
main-morte, des fonds déſignés aux articles précédens, il n'a été payé aucune indemnité au
ci-devant ſeigneur, & ſi ladite indemnité n'eſt
point preſcrite, en cas de vente du droit à la
rente & à la propriété réverſible, la nation demeurera chargée de racheter tant les droits fixes
que les droits caſuels dont le fonds peut être
tenu, aux taux & ſuivant le mode preſcrit par
le décret du 3 mai 1790; au moyen duquel
rachat, la nation percevra à ſon profit, pendant
la durée du bail, tant les droits fixes que les
droits caſuels qui pourroient être dus par le
preneur, lequel ſera tenu de continuer à la na-

tion, pendant la durée du bail , le paiement des droits annuels fixes , & demeurera chargé envers la nation des droits casuels, dans les cas auxquels il en est tenu , jusqu'au rachat d'iceux , qu'il en pourra faire en la forme prescrite par l'article II du présent décret.

» V. Dans le même cas prévu par l'article précédent, jusqu'à ce que la nation ait vendu le droit à la rente & à la propriété réversible, le preneur, possesseur du fonds, demeurera seul chargé, envers le ci-devant seigneur, de la prestation des droits fixes & des droits casuels, dans les cas où il en est tenu , sauf le rachat qu'il pourra faire desdits droits conformément à l'article II de la premiere section du présent décret, & sauf son recours contre la nation, pour la prestation ou pour le remboursement des droits fixes seulement.

» VI. Si les fonds nationaux ci-devant aliénés par bail emphytéotique, ou bail à rente non perpétuelle , à des particuliers , étoient ci-devant sous la mouvance d'un ci-devant fief national ; audit cas, lors de la vente du droit à la rente & propriété réversible, la nation ne sera chargée d'aucun rachat des ci-devant droits seigneuriaux ; & la nation, pendant la durée du bail, percevra sur le preneur, tant les droits fixes que les droits casuels seulement, ainsi qu'il est dit en la deuxieme partie de l'article II de la premiere section du présent décret.

» VII. Si le fonds national , mouvant d'un autre fonds national , a été cédé à titre de bail emphytéotique, ou à rente non perpétuelle , à un des ci-devant bénéficiers, corps ou communautés ecclésiastiques ou laïques, dont la vente des biens a été ordonnée, soit que l'indemnité ait été payée ou non, que les deux fonds soient situés ou non, dans le même district ou le même département, le bail sera & demeurera résolu ; la pleine & entière propriété du fonds sera vendue libre de toutes charges quelconques ; & jusqu'à la vente, les revenus en seront administrés en la forme prescrite par le décret du 20 août, & il ne pourra être exercé aucune action d'un district sur l'autre, à raison des arrérages de la rente échus pour le passé.

» VIII. Il en sera de même, encore que le fonds soit possédé audit titre de bail emphytéotique, ou à bail à rente non perpétuelle, par l'un des corps ou communautés ecclésiastiques ou laïques qui ont été conservés provisoirement dans la jouissance de leurs biens ; lesdits fonds pourront être vendus, & après la vente il sera payé au corps ou à la communauté qui possédoit le fonds, l'intérêt à quatre pour cent du prix de la vente, à la déduction du capital au même denier de la rente portée au bail. Jusqu'à la vente, le corps ou la communauté qui possédoit le fonds, paiera la rente annuelle portée au bail.

» IX. Si le fonds qui étoit possédé par un bénéficier, ou par un corps ou communauté ecclésiastique ou laïque, audit titre de bail emphytéotique, ou à rente non perpétuelle, appartenoit à un propriétaire particulier, mais étoit sous la mouvance d'un ci-devant fief national ; en cas

de vente du droit de jouiffance temporaire réfultant du bail , ladite vente fera faite purement
& fimplement , à la charge feulement par l'acquéreur de payer au bailleur la rente portée au
bail pendant fa durée , & fans aucune charge
des ci-devant droits feigneuriaux fixes & cafuels,
defquels le bailleur fera feul tenu après fa
rentrée dans la propriété , & jufqu'au rachat
d'iceux.

» X. Si le fonds donné à titre de bail emphytéotique , ou à rente non perpétuelle , par
un propriétaire particulier , à un bénéficier, ou
à un corps ou communauté eccléfiaftique ou
laïque , étoit fous la mouvance d'un ci-devant
fief non national , en cas de vente du droit de
la jouiffance temporaire réfultante du bail , il
fera feulement payé par la nation au ci-devant
feigneur un droit de vente au *prorata* du prix
d'icelle ; fauf à ce ci-devant feigneur à exercer ,
foit vis-à-vis de l'acquéreur , pendant la durée
du bail , foit vis-à-vis du bailleur , les droits
fixes & cafuels , tels que droit , jufqu'au rachat
d'iceux.

Mandons, &c.

TABLE
DES LOIX.

Les dates ci-après font celles des fanctions.

[A la page 153 , lisez : 139 , & de suite.]

CODES COMPLETS,
PAR ORDRE DE MATIÈRES.

Chaque code, fous format *in-8°.*, bien imprimé fur beau papier, en cicéro romain, contient fur chaque matière, toutes les loix décrétées par l'affemblée nationale conftituante, èz années 1789, 790, 1791, fanctionnées par le roi, & eft terminé par une table.

Ces codes s'envoient aux prix ci-après, francs de port par la pofte dans tous les départemens, en affranchiffant la lettre de demande & le port de l'argent. [1].

Codes actuellement complets.

LA CONSTITUTION FRANÇAISE, préfentée au roi le 3 feptembre 1791, fuivie de fa letrre du 13 & de fon difcours du 14, contenant fon acceptation, prix   15 f.

1 Code Du Clergé, contenant fa conftitution civile, le traitement de fes miniftres, celui des religieux, religieufes, chanoineffes, le mode des élections, de la preftation du ferment, &c. 2 liv. 2 f.

2 — Des corps adminiftratifs, organifation & fonctions des diftricts & départemens   2 liv. 5 f.

3 — — Organifation & fonctions des municipalités   2 liv. 5 f.

4 — De la municipalité de Paris.   15 f.

5 —: De la police municipale & correctionnelle, de la police de fûreté & de l'action de la force pu-

---

(1) S'adreffer à M. *Prevoft de Saint-Lucien*, ancien avocat au ci devant parlement, actuellement imprimeur, au bureau du *Journal Gratuit* Boulevard de la porte Saint-Martin à celle Saint-Denis, n°. 3, ou à M. *Durand*, directeur.

28 — Inftruction fur le rachat des champarts   8 f.

Codes auxquels il ne manque plus que quelques dé-
crets & la table pour être complets. Prix actuels.

29 — Militaire, armée de terre   2 liv. 4 f.
30 — — De la Marine   1 liv. 4 f.
31 — De la contribution fonciere fuivi de l'inftruction
                                        1 liv. 14 f.
32 — Des domaines de la couronne, apanages,
     échanges & autres biens nationaux   12 f.
33 — De l'adminiftration des biens nationaux jufqu'à
     leur vente   1 liv. 4 f.
34 — De la vente des biens nationaux   15 f.
35 — Des penfions   _   10 f.

Code fous preffe.

36 Code conftitutionnel, contenant ceux du roi & de
   fes miniftres, des repréfentans de la nation
   de l'abolition de la noblefte, du citoyen actif,
   des Juifs & autres principaux objets qui ne
   peuvent être claffés féparément avec les principaux décrets fur le clergé, les apanages, les
   domaines nationaux
37 — Du commerce
38 — Foreftier

Loix detachées.

39 — Sur l'empreinte des nouvelles monnoies & la
     commiffion des monnoies   3 f.
40 — Sur le remboursement des Jurandes   2 f.
41 — Sur le commerce des grandes indes   3 f.
42 — Sur les indemnités dues aux propriétaires de
     dîmes   2 f.
43 — Sur les fucceffions *ab inteftat*   2 f.
44 — Sur les invalides.   2 f.
45 — De la compétence des juges de paix.   10 f.
46 — Conftitutionel, contenant, réunis, ceux du roi

Cartes féparées de chacun de 83 départemens divi-
fés en diftricts & cantons par le fieur Moithey, enlu-
minées franc de port, chaque département.   8 f.
— — les mêmes par les auteurs de l'Atlas national 12 f.

Janvier 1792.

Table

du Décret du 15. mars 1790, Sanctioné le 28, Concernant les droits féod.ᵘˣ tant Suprimés, que rachetables.

Garde royale	1 . 12 .
——— Seigneuriale	1 12
Gave	2 11
Gavenne	2 11
Gaule	2 11
Gîte aux chiens	2 9
Guet, droit de	2 10
Hallage	2 { 13 / 15 / 19 }
Halles	2 { 19 }
Havage	2 19
Honorifiques, distinct.	1 1 .
Impôts Seigneur.ux	2 12
Indemnité aux acq.rs de droits supprimés	2 { 36 / 38 . }
——— aux fermiers	2 37 .
——— aux prop.res des fiefs d'Alsace	2 39 .
Indire aux 4. cas	2 8 .
Issuë	3 2
Lettres de ratific.on &effudes	1 9